LES INSCRIPTIONS ASSYRIENNES

DES SARGONIDES

ET

LES FASTES DE NINIVE.

LES INSCRIPTIONS ASSYRIENNES

DES

SARGONIDES

ET

LES FASTES DE NINIVE

Par Jules OPPERT.

Extrait du t. VI (5ᵉ série) des *Annales de Philosophie chrétienne.*

VERSAILLES,

IMPRIMERIE DE BEAU JEUNE, ÉDITEUR,

RUE DE L'ORANGERIE, 36.

—

1862

LES INSCRIPTIONS DES SARGONIDES.

INTRODUCTION.

I. Monuments du roi Sargon. — II. Chronologie assyrienne. — III. Défense de la chronologie biblique.— IV. Campagnes de Sargon, grandes inscriptions des salles de Khorsabad.

Nous soumettons au public les traductions de plusieurs inscriptions assyriennes de la dernière dynastie des rois de Ninive, dont la découverte jette un jour nouveau sur quelques périodes de l'histoire biblique. Depuis la rédaction des livres saints, le déchiffrement des inscriptions cunéiformes de Babylone et de Ninive nous a, pour la première fois, mis à même de comparer les données sacrées avec d'autres documents contemporains, qui, tout en provenant d'un peuple ennemi des Juifs, les confirment dans les grands traits comme souvent dans les plus minutieux détails. Ces documents, d'une valeur inappréciable, et dont le seul défaut est de n'être pas assez nombreux, sont appelés à franchir le cercle des études spéciales, et à être connus du grand public. Aujourd'hui l'interprétation en est tellement avancée que, sauf des détails d'une importance secondaire, l'explication peut être considérée comme certaine.

Nous donnons en premier lieu quelques textes du roi *Sargon* (721-702 avant l'ère vulgaire), dont le nom même nous serait inconnu si un seul verset du prophète Isaïe ne l'avait pas transmis à la postérité. On lit, ch. xx :

« 1. Dans l'année où le Tartan marcha contre *Asdod* où » l'avait envoyé *Sargon*, roi d'Assyrie, et où il combattit contre » *Asdod* et la prit,

» 2. Dans ce temps-là, Dieu parla à Isaïe, fils d'Amos, ce qui » suit, etc. »

Ce nom de *Sargon* ne se trouvant qu'à cet endroit, avait fait le désespoir des interprètes de la Bible et des chronologistes, lorsque la découverte de *Khorsabad* par M. Botta donna au monarque, inconnu jusqu'alors, une importance considérable.

Le palais et la ville de Khorsabad, ou du *Castel de Sargon*, révéla de nombreux documents émanant d'un souverain qui bientôt fut identifié avec sûreté et sans contestation aucune, avec le *Sargon* de la Bible. On sut que ce Sargon mentionnait dans ses annales et ses inscriptions non-seulement la ville d'*Asdod* mais qu'il se vantait même d'avoir emmené les Israélites dans la captivité, et d'avoir détruit *Samarie*. On eut la preuve de la foi qu'on devait ajouter à ces récits par d'autres monuments de Sargon. S'il prétendait avoir promené ses armes victorieuses jusqu'aux îles de la Méditerranée, on retrouvait sur l'île de *Chypre* une stèle portant une inscription de ce roi [1], et s'il se glorifiait d'avoir soumis la ville sainte de Babylone, il reparaissait aux savants dans le nom mutilé d'*Arkeanos* [2] du canon de Ptolémée. De plus, il avait pour nous un intérêt comme père de *Sennachérib*, l'adversaire d'*Ézéchias*, et le fondateur de la dernière dynastie ninivite.

1. Monuments du roi Sargon.

Les documents les plus importants de Sargon sont :

1° Une inscription très-étendue gravée sur les murs de la salle II du *plan de Botta*, qui donne les campagnes dans leur ordre chronologique. Malheureusement cette longue inscription est fruste, et surtout la première campagne, celle de *Samarie*, y est presque illisible. Pour nous, néanmoins, ce seul fait chronologique est d'une importance capitale, en ce que nous pouvons fixer la date de la prise de Samarie, et partant l'avénement de Sargon, par les données des livres *des Rois*. Cette date est corroborée par le *canon de Ptolémée*.

2° L'inscription des *salles de Khorsabad*, conservée plus ou moins complétement, dans les salles du plan de Botta IV, VII, VIII et X. La salle X a le moins souffert et nous offre le texte le plus complet. M. Ménant et moi avons préparé une édition et une traduction de cette belle inscription dans le *Journal asiatique*. C'est la *traduction française de ce texte* que nous offrons au public pour la première fois et qui parle des

---

[1] Ce monument, connu sous le nom de la *Stèle de Larnaca*, est actuellement au musée de Berlin.

[2] Cette identification, que la lecture du nom assyrien *Sarkin* ou *Sarkiēn* a confirmée, est due en premier lieu à M. de Saulcy.

quinze premières campagnes du roi, mais sans les classer dans un ordre chronologique.

3° L'inscription des pavés des portes, en 150 lignes, dont nous possédons une grande quantité de copies.

4° L'inscription qui se trouve contre les jambes des Taureaux, en vingt exemplaires.

5° Le texte des barils de Khorsabad; sur 14 exemplaires trouvés par M. Place, 3 seulement existent aujourd'hui [1].

6° Le texte des revers des plaques, en 25 exemplaires.

7° Les documents développés contenus sur les montants des portes, et publiés par M. Botta.

8° Deux inscriptions du harem, rapportées par moi [2].

9° Les inscriptions des fondations sur or, sur argent, sur une autre matière et sur cuivre. Six inscriptions furent trouvées ; une était gravée sur une plaque de plomb, et une sur la caisse en pierre. La perte de ces deux derniers textes est regrettable ; on aurait dû les copier avant de les embarquer.

10° Une inscription du palais de Nimroud, antérieure à la fondation de Khorsabad.

11° Une quantité considérable de briques et de textes moins développés.

12° La stèle mutilée de Larnaca.

13° Des pièces privées étrangères à ce roi, mais datées de son règne. Nous citons une sorte de billet de change, pour une valeur de 20 mines, conservée au Louvre. Ce document est daté de la 12ᵉ année de Sargon et de l'éponymie de *Mannou-ki-Assourlih.*

II. Chronologie assyrienne. — Examen et réfutation de quelques assertions de M. Rawlinson.

Avant de donner la traduction de ces importants documents, nous ferons une digression qui nous paraît nécessaire, pour nous fixer sur la personne et l'époque exacte du roi Sargon. Nous devons remonter un peu plus haut, mais nous ne craignons pas de perdre en concision, ce que notre exposé gagnera en clarté, et nous devons même reprendre la question de la *chro-*

[1] L'un a été envoyé au Louvre, l'autre a été apporté par moi de Ninive, le troisième a été donné aux Anglais, et se trouve à Londres. Un quatrième pareil à ceux-là se trouve dans la possession de M. le capitaine Lynch.

[2] Voir *Expédition en Mésopotamie*, t. ii, p. 333.

nologie biblique en sous-œuvre, parce qu'elle se rattache très-étroitement à l'accomplissement de la tâche que nous avons entreprise. Nous regrettons d'autant moins cette excursion qu'une récente découverte de M. Rawlinson contribuera à donner plus de précision à notre travail chronologique.

Nous disons tout de suite, que, en principe, nous regardons comme point de départ, la *chronologie des livres des Rois*. Jusqu'ici aucune découverte assyrienne n'a été faite qui n'ait confirmé et grandi l'autorité de ces données historiques. Le seul document sûr de chronologie assyrienne transmise par les Grecs, *le canon de Ptolémée*, cadre jusqu'à l'année près avec les dates fournies par les livres saints.

D'autre part, les seuls jalons qui nous guident dans les opérations chronologiques de l'histoire assyrienne, sont fixés par les synchronismes bibliques, et si nous déterminons l'époque d'un fait relatif à Ninive, nous ne le pouvons qu'en nous servant des données hébraïques. Aussi nous verrons dans la suite de ce travail que partout où il y a une difficulté à signaler dans la chronologie assyrienne, elle se trouve compromise, si nous pouvons parler ainsi, dans une autre difficulté, évoquée par les *livres des Rois* et les *Paralipomènes*.

Des tablettes très-frustes, provenant des *archives de Sardanapale* V, fournissent des listes de noms, séparés, à différents intervalles, par des traits horizontaux. Généralement après ce trait, on voit les noms des rois déjà connus, et se suivant dans leur ordre constaté, et on s'assura bientôt que les autres noms des listes appartenaient aux hommes qui avaient l'honneur insigne de donner à l'année assyrienne leurs propres noms, et de s'immortaliser ainsi. Les dates des inscriptions de Sardanapale III sont désignées par le jour, le mois et l'année portant le nom d'un homme. Par exemple, on lit [1] : « Le » 24e jour du 5e mois de ma propre année, ou [2] : « le 22e jour » du 3e mois de l'année de *Dagan-asir*. » Ce fait était reconnu par les assyriologues. Dernièrement M. Rawlinson a trouvé des séries interrompues de noms qui comprennent plus de deux siècles et qui permettent ainsi d'assigner à certaines dates

---

[1] Sardanapale, *Inscriptions*, col. i, l. 69.

[2] *Ibid.*, col. iii, l. 1.

leur place [1]. Sur l'obélisque de *Salmanassar III*, on lit :
« Dans l'année de *Dayan-Assour* » entre les 3e et 5e campagne,
et le savant anglais a constaté que le nom de *Dayan-Assour* est
le 4e sur une liste des noms commençant par *Salmanassar*. Le
monument connu sous le nom de *cylindre de Bellino* [2], émane
de Sennachérib et rend compte des deux premières campagnes. On lit en tête selon notre traduction :

« Première série, 3e exemplaire du mois sibut (11e mois)
» de l'année de *Naboulih*, préfet d'Arbèles. »

Le nom de *Naboulih* se trouve, sur la liste du musée britannique le 3e du règne de Sennachérib. Le prisme contenant
les 8 premières campagnes du même roi, est ainsi daté :

« Le 20e jour du mois...., de l'année de *Bel-simiani*, pré-
» fet de Circésium. »

M. Rawlinson nous dit que sur la liste, ce nom figure à la
14e place dans le règne du roi Sennachérib [3].

Nous avons donc un fait constatant que les Assyriens dési-
gnaient leurs années par un nom propre, comme les Ro-
mains, les Athéniens et les Argoliens, qui se servaient pour ce
but des consuls, des archontes, des prêtresses de Junon.
Cet usage n'était pourtant pas absolu, car à partir de Sargon, nous trouvons les *années* désignées par l'année du
règne, comput qui paraît avoir été employé à Babylone.

M. Rawlinson croit que les personnes qui donnaient leurs
noms à l'année, étaient des *grands prêtres ;* nous hésitons à
accéder à cette dénomination, car la plupart des personnages
sont des hommes du palais et des guerriers ; ainsi la plus ancienne date que nous possédions, celle du cylindre de *Tiglatpileser I*, du 13e siècle, fournit le nom d'un chef des esclaves.
D'autres personnages sont des gouverneurs, et *Dayan-Assour*
que nous avons cité plus haut, est désigné par *Salmanassar*
comme « le grand Tartan de son armée. » Nous proposons de
les nommer des *éponymes*, titre que portaient les premiers
archontes d'Athènes [4].

[1] Selon ma chronologie, de 951 à 642, dont nous connaissons 223 noms.

[2] Publié par Layard, pl. 63 et 64.

[3] Depuis que j'ai écrit ces lignes, j'ai pu moi-même examiner les listes de
Londres, et j'y ai vu que le même nom se retrouvait aussi à la 19e année.

[4] M. Hincks a adopté, indépendamment de nous, cette même dénomination.

M. Rawlinson nous donne les rois suivants avec le nombre des éponymies, et ces noms s'accordent avec ceux dont nous avons donné la liste, sauf trois nouveaux et quatre que nous insérerons nous-mêmes.

Bélochus III	20 ans.
Tiglatpileser III	6 »
Sardanapale III	24 »
Salmanassar III	34 [1] »
Samsi-Hou	14 »
Bélochus et Sémiramis	29 »
Salmanassar IV	11 ? » [2].
Assurdanil II	18 »
Assurlihhus (Sardanapale IV)	8 ou 9 ou 10 ans.
Tiglatpileser IV	17 ou 22 ans [3].
Sargon	3 et 15 ans.
Sennachérib	23 ans.
Assarhaddon	17 ?
Sardanapale V	

Les différences dans les nombres proviennent des séparations différentes qui se trouvent dans les quatre exemplaires très-mutilés des fastes.

M. Rawlinson établit, avec pleine raison, son système sur la prise de *Samarie*, correspondant à la première année de Sargon, 721 ans avant J.-C. Nous félicitons notre savant collaborateur, de s'être tenu à l'ancienne date fixée par les chronologistes des siècles derniers. M. de *Saulcy*, dans son beau travail sur la *chronologie assyrienne* [3], s'est également arrêté à cette époque. Ainsi en partant de cette date et en descendant, je modifie moi-même la date que j'avais autrefois à tort assignée à *Sennachérib* qui régna de 702 à 680 av. J.-C., et non pas de 704 à 676. Je mets le règne de *Sargon* de 721 à 702, et non pas de 721 à 706, comme le fait sir Henry Rawlinson, ni de 721 à 704, comme je l'avais fait moi-même. Je me range de l'avis de M. Hincks pour fixer en 702 l'avénement de *Sennachérib* qui, dans sa première campagne, institua *Bélibus*, régnant, selon le *canon* de Ptolémée, de 702 à 699.

---

[1] Le canon n° 1 nous a montré une séparation, suivie du nom de Salmanassar.

[2] Nous n'y trouvons que 8 ans, et 29 pour Salmanassar.

[3] Publié dans les *Annales de philosophie chrétienne*, en 1847, t. XIX et XX, (3e série).

Sargon n'était pas *éponyme* de l'année de son avénement de fait, mais seulement la 4me année, c'est-à-dire en 747, et peut-être parce que *Ninip-Iluya*, le successeur légitime de *Salmanassar*, vivait encore. Cette question nous conduit juste à l'examen de difficultés que soulèvent à la fois et dans le même sens, les textes assyriens et les documents bibliques.

Mais avant d'aborder cette explication, il faut exposer le système de notre savant collaborateur qui rattache à cette date de 721 avant J.-C., les années ascendantes, arrive à l'année 745, constate un interrègne jusqu'à 747, date de *l'ère de Nabonassar*, à laquelle il place la destruction de Ninive, contrairement à toutes les données les plus expresses, pour arriver ensuite à l'époque de *Hazaël*, roi de Syrie, nommé dans la Bible et les inscriptions. Il la met en 847, c'est-à-dire considérablement plus bas qu'on ne l'a fait jusqu'ici [1].

Nous verrons qu'il ne faut pas régler les dates bibliques, d'après ces données; au contraire les époques des livres saints nous fixeront sur la chronologie de Ninive.

En examinant la liste des rois telle qu'elle est donnée par M. Rawlinson, on s'aperçoit que des six rois assyriens connus par les Juifs, *Phul*, *Tiglatpileser*, *Salmanassar*, *Sargon*, *Sennachérib* et *Assarhaddon*, deux des plus célèbres manquent, *Phul* et *Salmanassar*. Autrefois le savant anglais voyait *Phul* dans *Bélochus IV*, le mari de Sémiramis; il est revenu de cette idée que j'avais toujours combattue. Mais que faire maintenant? Proposer l'expédient de ne voir qu'un général dans un roi reconnu comme tel par les Juifs? Cela ne vient pas à l'idée de sir Henry, qui connaît trop bien les Orientaux et l'Orient, pour admettre une pareille confusion. Car, en Asie, moins que partout ailleurs, on se méprend et on s'est mépris sur la différence de la souveraineté et de la délégation du pouvoir. Quand le *Tartan* vient à Asdod, Isaïe dit bien qu'il y est envoyé par *Sargon*; il ne lui donne pas le titre de roi d'Assyrie, que la Bible attribue à *Phul*, et avec une insis-

[1] Il y a une différence, en effet, de plus de *quarante* ans, qu'on ne pourrait effacer, même en tailladant dans les chiffres de la Bible.

[2] En grec, *Teglathphalassar*; nous avons adopté la forme des Massorèthes.

tance dont il ne nous est pas permis de ne pas tenir compte.

Voilà la première difficulté, et voici la seconde :

Salmanassar, roi d'Assyrie, l'agresseur de Samarie, manque dans la liste de M. Rawlinson. On n'a de lui aucune inscription, et depuis longtemps, on a cherché les raisons qui pourraient motiver cette circonstance. Pour expliquer les difficultés, on a proposé trois expédients différents, dont nous acceptons le dernier :

1° Salmanassar est identique à Tiglatpileser,

2° Salmanassar est le même que Sargon,

3° Salmanassar est l'un des prédécesseurs de Sargon.

Le premier moyen ne se discute pas. Quant au second, il est peu admissible d'abord que *Salmanassar*, portant un nom illustré déjà par au moins quatre des plus célèbres rois d'Assyrie, ait senti le besoin ou eu la velléité de changer un nom connu contre une application purement qualificative. Sargon, *Sar-kin*, veut dire, *roi de fait*, et indique l'usurpateur. Puis Sargon devrait être plus connu aux Juifs sous ce nom que sous celui de Salmanassar, car c'était comme Sargon, qu'il avait pris Samarie, Asdod, Gaza, Tyr, Damas, Arpad et Simyra, qu'il avait vaincu le Pharaon *Sebech* à Raphia et reçu les tributs de l'Ethiopie, de la reine des Arabes et des Sabéens. En dernier lieu, et voici ce qui est le plus grave, *Salmanassar*, selon la Bible, assiégea Samarie pendant trois ans [1]. Or, *Sargon prétend avoir pris Samarie dans la première campagne* [2], et cette allégation même n'est pas contraire au texte de la Bible, que voici :

« 9. Et dans la 4ᵉ année du roi *Ezéchias,* qui est la 7ᵉ année » d'Osée, fils d'Elah, roi d'Israël, vient *Salmanassar,* roi d'As- » syrie, vers Samarie, et l'investit.

» 10. Et *ils* la *prirent* au bout de trois ans ; dans l'an 6 d'Ezéchias qui est l'an 9 d'Osée, roi d'Israël, fut prise Samarie.

« 11. Et le roi d'Assyrie emmena Israël en Assyrie, et les » transporta à Khalah et sur le Habur, le fleuve de Gozan, et » dans les villes de Médie. »

Voici maintenant l'explication qu'on peut tirer des listes :

[1] *II Rois,* xviii, 9.

[2] Non pas dans la *première année de son règne.*

Salmanassar était resté devant Samarie et y mourut. Son successeur, reconnu roi à Ninive, fut détrôné par le général nommé, dans le livre de Tobie, *Enemessar* [1], qui se révolta et qui prit le nom de *Sargon*. Mais l'usurpateur ne devint roi reconnu que quatre ans plus tard, quand les partisans de l'ancien régime étaient vaincus, et c'est pour cela que les inscriptions de *Sargon* comptent plus de campagnes très-longues que les fastes ne lui attribuent d'années de règne.

Le nom de *Salmanassar*, au surplus, se trouve en tête de la liste, après les 16 noms de *Tiglatpileser*. C'est le 8ᵉ avant *Sargon*. Le nom que M. Rawlinson lit dubitativement, *Bil-kas-bilussar*, est à lire idéographiquement *Salmanassar*, et nous ne craignons pas que notre illustre collaborateur désapprouve notre lecture. En tout cas, nous n'arriverons, pour la prétendue 1ʳᵉ année de *Tiglatpileser*, qu'à l'année 741, et non pas à 745. Nous aurions donc une interruption de 6 ans pour arriver à l'ère de Nabonassar.

Mais il faudra bien admettre une interruption plus longue et cela fondé sur les inscriptions assyriennes elles-mêmes. Avant que nous mettions sous les yeux de nos lecteurs les difficultés provenant des *textes cunéiformes*, il sera nécessaire de rappeler les faits résultant du canon des rois de Juda et d'Israël.

III. Défense de la chronologie biblique.

Les livres *des Rois* et les *Paralipomènes* ne se contentent pas de donner la liste des rois des deux états; le livre des *Rois* fournit, pour chaque roi de Juda, l'âge lors de l'avénement, la durée du règne et l'année du roi d'Israël dans laquelle il monta sur le trône. Pour les rois d'Israël, le texte sacré ne donne que la durée du règne, et l'année qui correspond à l'avénement dans la liste des rois de Juda. Les *Paralipomènes* ne nous font connaître que l'âge et la durée du règne des rois de Juda et confirment les livres des Rois [2]. Les données purement numériques montent à 110, dont plus de 50 sont cor-

---

[1] La vraie forme est encore inconnue; celle de *Bel-patis-Assour* ne s'est pas vérifiée. Si nous avions l'original du livre de Tobie, nous le saurions peut-être.

[2] Une seule exception regarde l'âge d'Ochozias, auquel les *Paralipomènes* donnent 42 ans, les Rois 22. Mais puisque *Joram* son père mourut à l'âge de 40 ans, le chiffre des *Paralipomènes* est erroné.

roborées par deux textes conformes : elles s'accordent toutes ensemble sauf six ou sept [1], qui proviennent évidemment d'une erreur de chiffre, et ont été reconnues comme erronées par tous les chronologistes. On ne peut nier que des annales très-détaillées, très-précises, ont servi de base aux textes historiques que nous possédons encore, et même les difficultés apparentes montrent l'exactitude du comput. Les années d'un règne judaïque ou israélite étant données en nombres entiers, alors que ce règne en réalité, avait duré ou plus ou moins, ces fractions devaient naturellement exercer une influence sur la concordance en années de l'autre règne contemporain, soit israélite, soit judaïque. Pour citer un exemple : le roi Asaria ou Uzia régna 52 ans; Pékah, roi d'Israël, monta sur le trône dans sa 52e année, et il est dit (ch. 16), que Jotham, successeur immédiat d'Uzia, devint roi dans la 2e année de Pékah. Il n'y a pourtant pas de contradiction dans ces deux données [2], et la solution de toutes les difficultés apparentes s'obtient très-facilement, en tenant compte à la fois de tous les détails que la Bible nous fournit.

[1] Ces fautes se trouvent surtout dans les données concernant les règnes israélites, ainsi :

Par. II, 16, 1, où l'expédition de Baësa, roi d'Israël, est placée dans la 36e année d'Asa, contrairement à 9 autres passages concordants, au lieu de la 16e année. Puis, il est dit que Omri régna 12 ans (*Rois*, I, 16, 23), tandis que deux autres passages ne lui en accordent que 10. D'après *Rois*, II, 14, 23, Jéroboam II régna 41 ans à Samarie, au lieu de 51 ans qui sont nécessaires pour la chronologie; de même (IIe, 15, 27), 20 ans sont donnés au roi Pékah, tandis que d'autres passages s'accordent pour élever ce chiffre à 30 ans. Un chiffre incompréhensible est celui qui se trouve v. 30, selon lequel Pékah mourut dans la 20e année de Jotham, qui ne régna que 16 ans, tandis qu'un autre passage met cet événement dans la 12e année d'Ahaz. Ainsi *Rois*, II, 8, 15, contient un verset où la phrase : « et de Josaphat, roi de Juda, » n'est pas complète. La dernière erreur est celle qui met la campagne de Sennachérib, dans la 14e année d'Ezéchias où tombe en effet l'ambassade de Merodachbaladan, et la maladie du roi ; il faut la placer dans la 29e année. On peut prouver que l'ordre des chapitres est interverti ; il résulte du texte même, que la maladie d'Ezéchias est un fait antérieur à l'agression assyrienne. Mais ces six erreurs ne comptent pas en présence de 160 données concordantes, et il faut s'étonner qu'il ne s'en trouve pas davantage, avec le système de notation phénicienne.

[2] Si, par exemple. Uzia régna 52 ans et 4 mois, et Pekah devint roi 51 ans et 3 mois après l'avénement d'Uzia, Jotham monta sur le trône dans la 2e année de Pekah.

Nous nous sommes donc servis de ces concordances pour dresser le tableau suivant qui part de la mort de Salomon, et qui rattache la dernière année d'Osée à la date de 721, acceptée également par MM. Rawlinson et de Saulcy.

Av. J.-C.		Rois de Juda.		Rois d'Israël.	
979	1	1	Rehabeam	1	Jéroboam.
962	18	1	Abiam	18	»
960	20	1	Asa	20	»
958	22	2	»	1	Nadab.
957	23	3	»	1	Baesa.
934	46	26	»	1	Ela.
933	47	27	»	1	Zimri
929	51	31	»	1	Omri.
922	58	38	»	1	Achab.
918	62	1	Josaphat.	4	»
901	79	17	»	1	Ochozias.
899	81	18	»	1	Joram.
894	85	1	Joram	5	»
897	93	1	Ochozias	11	»
887	93	2	»	12	»
886	94	1	Athalia	1	Jehu.

Av. J.-C.		Rois de Juda.		Rois d'Israël.	
879	101	1	Joas	7	»
857	123	23	»	1	Joachaz.
841	139	39	»	1	Joas.
839	141	1	Amasia	2	»
825	155	15	»	1	Jéroboam.
820	160	1	Azaria	15	»
774	206	38	»	1	Zacharie.
773	207	39	»	1	Sallum.
772	208	39	»	1	Menahem.
761	219	50	»	1	Pekahia.
759	221	52	»	1	Pekah.
757	223	1	Jotham	2	»
742	238	1	Achaz	17	»
730	250	12	»	1	Osée.
726	254	1	Ezéchias	3	»
721	259	6	»	9	»

Voilà les dates que nous avons fait résulter du texte même, sans préoccupation autre que celle d'exprimer exactement les données de la Bible. On ne peut raccourcir davantage les règnes des rois de Juda; les chiffres des rois d'Israël donnent 20 ans de moins, 239 ans. Mais de ces 20 ans, 10 proviennent de la divergence qui existe au sujet de Pekah, et là on ne saurait changer les chiffres attribués aux règnes de Jotham et d'Achaz, sans s'exposer à des absurdités, car les époques judaïques sont déjà très-brèves. Il est surprenant de voir que tous les membres d'une des plus illustres familles royales de l'histoire aient eu le sort de mourir jeunes; aucun des rois de Juda, après Salomon, n'a pu arriver à l'âge de 70 ans. Rehabeam atteignit 58 ans [1], Josaphat 60, Joram 40, Ochozias 23, Joas 47, Amasia 54, Azaria 68, Jotham 41, Achaz 36, Ezechias 54 [2], Ma-

[1] Abiam est mort 61 ans après la naissance de son père Rehabeam; Asa, fils d'Abiam, 102 ans après la même époque; nous ne connaissons pas leur âge. Dans les *Rois* (I, 15, 3 et 10), la mère et la femme d'Abiam portent le même nom, tandis que les *Paralipomènes* (II, 13, 2) nomment la première Michaïah, fille d'Uriël, et non pas Maachab, fille de Abisalom, comme les *Rois*.

[2] Et peut-être Ézéchias n'a-t-il vécu que 44 ans et est monté sur le trône à

nassé 67, Amon 24, Josias 39, Joachaz 24, Joakim 36, Joachin (?), Sedecias 31. Nous citons ces chiffres pour montrer que les générations se suivent avec une telle rapidité qu'il est impossible de retrancher 40 ans, entre Joram et Achaz. Car nous avons pour 17 générations, de la naissance de Rehabéam à la mort de Sédécias, 423 ans, c'est-à-dire 25 ans pour chacune d'elles. En raccourcissant les règnes de Jéroboam, on aura à changer 10 chiffres 5 concordant entre eux, et en admettant le chiffre de 20 ans pour le règne de Pekah ; on devra encore rabattre des 41 ans de Jotham et des 36 d'Achaz, admettre que Jotham ait eu son fils à 9 ans, sans compter huit données qu'il y aurait à changer ! Nous devons donc nous borner à accepter les chiffres qu'une saine critique a suggérés à nos devanciers qui, comme nous, ont suivi les textes de la Bible.

Ces données, nous les appliquerons aux synchronismes fournis par les textes assyriens.

Nous avons déjà dit que *Phul* ne se trouvait pas parmi les rois mentionnés, et qu'il devait y avoir une lacune entre les années connues de *Tiglatpileser* et le dernier roi de Ninive. Or, nous savons que Tiglatpileser, pour le règne duquel les tables ne donnent que 15 éponymies, a régné au moins 42 ans, a fait au moins 17 campagnes ; et que son prédécesseur a régné 19 ans.

A côté de cette difficulté en surgit une qui sort des textes cunéiformes et de la Bible combinés.

Menahem (772-761) est attaqué par *Phul* [1], le même *Menahem* envoie des tribus à *Tiglatpileser* la 8ᵉ année de celui-ci [2]. Le roi d'Israël, qui n'a régné que 10 ans, a donc dû subir l'attaque de *Phul*, dans les premières années de son règne qui coïncident avec les dernières années de *Phul* et avec l'avénement de *Tiglatpileser IV;* celui-ci monta donc sur le trône d'Assyrie vers 770, ce qui convient bien avec ses 42. années de règne [3], et ce qui contredit formellement l'opinion qui place la

16 ans au lieu de 26 ; dans ce cas Achaz ne serait pas seulement de 11 ans mais de 21 ans plus âgé que son fils.

[1] *Rois,* II, xv, 19.

[2] Layard, *planche* 50, 9.

[3] Voir la *notice* sur cette donnée que je dois à M. Hincks et publiée dans les *Annales.*

chute de Ninive en 747, l'ère de Nabonassar. Le prédécesseur
du roi qui reçut les tributs de *Menahem*, qui envahit Israël
sous *Pekah* et emmena tout Naphtali et la Galilée en Syrie,
fut justement *Phul*, dont les tables ne parlent pas, peut-être
parce que la suite des éponymies était interrompue par un
usurpateur de race chaldéenne.

Si antérieurement à la chute de Ninive, la Bible ne mentionne pas de lutte avec l'Assyrie, celle-ci n'en fit pas néanmoins la guerre à la Phénicie et à la Judée, et certainement les
annales perdues des rois de Juda et d'Israël ont dû en rendre
compte. *Belochus IV* envahit la Palestine qu'il désigne sous ce
nom, et *Salmanassar III* nomme Jéhu parmi ses tributaires,
Hazaël roi de Syrie, parmi les rois combattants. Or, la chronologie biblique nous met à même de faire l'ère de Hazaël qui,
selon la Bible, a dû régner une 30e d'années.

Or nous savons par le livre des Rois, que Jéhu, sacré en
même temps que Hazaël par le prophète Elisa, succéda à
Benhadad vers la fin des 12 années de Joram, roi de Juda.

Nous sommes, en outre, informés par les inscriptions de
Salmanassar III, fils de Sardanapale, que le roi Hazaël succéda à son prédécesseur entre la 14e et la 18e campagne du roi
d'Assyrie. Le monument connu sous le nom de *l'obélisque de
Nimroud* raconte succinctement les 31 premières campagnes
de ce roi, renfermées dans les 29 années de son règne; il y a,
en outre, deux inscriptions plus détaillées qui se bornent à la
16e campagne de Salmanassar III. L'un de ces textes [1] raconte
longuement la défaite du prédécesseur de Hazaël, et sa fuite
précipitée. Les 15e et 16e campagnes furent entreprises contre
l'Arménie et les Namri; la 17e raconte une excursion vers
l'Amanus d'où le roi rapporta du cyprès et du cèdre, et la
18e [2] est ainsi racontée :

« Dans ma 18e campagne, je franchis l'Euphrate pour la 16e
» fois. Hazaël de Syrie vint pour se battre avec moi, je lui
» pris 1121 chars, 460 cavaliers, et son armée. » Puis (l. 102) :

« Dans ma 21e campagne, je franchis l'Euphrate pour la
» 21e fois, je marchai sur les villes de Hazaël de Syrie, j'occu-

---

[1] Layard, pl. 16, l. 44, pl. 47, l. 26.
[2] *Obélisque de Nimroud*, Layard. pl. 92, l. 97.

» pai ses forteresses. Je perçus les tributs de Tyr, de Sidon, de
» Byblos. »

L'obélisque, dans le texte, ne rend pas compte de la soumission de Jéhu, et il se tait également sur les divers tributs,
consignés dans d'autres textes de Salmanassar. Ainsi le document cité en haut parle de *Garparunda*, dans la 12ᵉ campagne,
mentionné dans la 5ᵉ ligne circulaire, tandis que *l'obélisque*
garde le silence sur cet acte de soumission. L'*inscription circulaire* au-dessus des bas-reliefs, qui se trouvent au-dessus de la
seconde bande, dit : « Voici les tributs que j'imposai à Jéhu
» (*Iahoua*) fils d'Omri (Houmri) : de l'argent, de l'or, des plats
» en or, des *zoukout* en or, des coupes en or, de *dalani* en or,
» des..., des sceptres sculptés pour la main du roi, du bdellium.»

Salmanassar revient encore une fois en Syrie, il dit :

» Dans ma 25ᵉ campagne, je franchis l'Euphrate dans des
» bateaux, j'imposai un tribut à tous les rois de la Syrie. »

C'est donc dans la 21ᵉ ou la 25ᵉ campagne que se place le
tribut que Jéhu offrit à Salmanassar III; et en effet, deux ans au
plus tard après l'avénement de Hazaël, Jéhu avait commencé
son œuvre de vindicte contre la maison d'Achab.

Pour résumer :

Hazaël monta sur le trône vers la fin de Joram, donc vers
886 av. J. C., selon le canon des rois de Juda.

Hazaël monta sur le trône entre la 14ᵉ et la 18ᵉ campagne de
Salmanassar, c'est-à-dire, d'après les listes des éponymies
assyriennes, au plus tard, entre la 97ᵉ et la 93ᵐᵉ année avant la
chute de Ninive.

Ce serait donc vers 844, selon M. Rawlinson.

Ce serait entre 885, selon M. de Saulcy et nous [1].

Et puisqu'il est impossible, par quelque moyen que ce soit,
de réduire le comput des rois de Juda, *pour le faire tom-
ber à 40 ans plus bas*, nous voyons dans cette coïncidence une
des plus éclatantes confirmations du système chronologique
que nous avons adopté.

Et puis, est-il admissible que Ninive, détruite par Arbace et
Belesys, de fond en comble, de sorte que *rien, absolument rien,*

---

[1] Et même un peu avant, plusieurs *campagnes* ayant évidemment eu lieu
dans la même année, comme le fait est avéré pour Sardanapale.

n'a survécu de cette première Ninive (sauf un piédestal d'une statue de Sardanapale I), est-il admissible, dis-je, que cette capitale ait donné asile deux ans plus tard, à un monarque qui fit trembler toute l'Asie devant la puissance assyrienne?

Or, faut-il, pour prouver une proposition que rien ne justifie, à savoir, pour faire coïncider la chute de Ninive avec l'ère de 747, mutiler la chronologie juive? Assurément non.

La date de 788 av. J.-C. pour la fin du grand empire a été obtenue par une discussion, libre de toute préoccupation, du canon des rois mèdes.

Cette date a été corroborée par les données assyriennes se rattachant à une date *postérieure*, et obtenue par les textes hébraïques et par les inscriptions cunéiformes.

Elle vient d'être confirmée de nouveau par un fait *antérieur*, fixé chronologiquement par des considérations complétement indépendantes et reposant à la fois sur des calculs bibliques et sur le canon des éponymies assyriennes que nous publions ici pour la première fois.

Fastes assyriens, de 944 à 642 [1].

944 Hou-lihhous.	B. lochus III.	916 Ninip-asar.
. . . .		915 Hou-lilbour.
931 Ninip. . . .		914 Samas-youpahhir.
930		913 Mardouk-bil-toukoultiya.
929 Saladou-Samas.		912 Sidi-Assour.
——————————Tiglatpileser III.		911 Assour-Dan.
928 Tuklat-pal-asar.		910 Assour-natkil.
927 Kounouk-ana-Bili.		909 Bel-labar-pikid.
926 Abou-Houya.		908 Dayan-Ninip.
925 Ilou-daki.		907 . . . . ti.
924 Yariē.		906 . . . . il.
923 Assour-sizibani.		905 Dagan-asir.
——————————Sardanapale III.		904 Samas-nouri.
922 Assouridannapalla.		903 Ninip-soumgiranni.
921 Assour-idin.		902 Assour-ilouya.
920 . . iktia-tuklat.		901 Mardouk-iska-kalli.
9:9 . . . makka.		900 Tab-Bel.
918 Dagan-asir.		899 Sar-ur-nisi.
917 Ninip-risiya-ousour.		

[1] Cette époque comprend donc, année par année, les règnes des rois de Juda qui suivent : Osa, Josaphat, Joram, Ochozias, Athalie, Joas, Amasia, Azaria, Jotham, Achaz, Ezéchias, Manassé.

898 Salman-asir.   Salmanassar III. | . . . .
897 Assour-kayan. | 846 . . . .
896 Assour-ipisya-ousour. | 845 . . . .
895 Abou-in-hekal-lilhour. | 844 El-halik-pan.
894 Dayan-Assour. | 843 Assour-ur. . .
893 Samas-Ilouya. | 842 Ninip-ilouya.
892 Samas-kayan. | 841 Niri. . . . . .
891 Bel-banou. | 840 El. . .
890 Hadili. . . . | 839 El. . .
889 Mardouk-halik-pani. | 838 Bel-sakal-Ilouï.
888 Pour-el-sarri. | 837 Assour-asar.
887 Ninip-moukin-nisir. | 836 Mardouk-sadu.
886 Nabou-idin-labar. | 835 Dual. . . .
885 Assour-ipisiya-ousour. | 834 Mannou-ki-Bel.
884 Tab-Ninip. | 833 Moudi-Ninip.
883 Kounouk-ana-sar. | 832 Belhasani.
882 Hou-ibnanni. | 831 Nirgal-Samas.
881 Bel-abouya. | 830 Ninip-halik-pan
880 Salam-bel-lahar. | 829 Hou-mousammir.
879 Ninip-dannoua. | 828 Rubat-Istar.
878 Ninip-Ilouya. | 827 Balat.
877 Gourdi-Assour. | 826 Hou-youballit.
876 Nirisar. | 825 Mardouk-sar-ousour.
875 Mardouk-moudammik. | 824 Nabou-sar-ousour.
874 Iahal. | 823 Ninip-iddanna.
873 Illoulaï. | 822 Il-rabou-lih.
872 Sar-pati. . . | ————————————Salmanassar IV.
871 Nirgal. . . . | 821 Salman-asir.
870 Samas. . . . | 820 El-Usiel ?
————————————Sardanapale IV. | 819 Mardouk-ousour-anni.
869 Assourdounninpalla. | 818 Bel-sidi.
868 Su. . . . | 817 . . . itallik.
867 . . . . | 816 Asour. . . .
866 . . . . | 815 Bel-irsit. . . .
865 . . . . | 814 Assour-banou.
———————————— Samas-Hou. | ————————————Assour-idil-il II.
864 Samas-Hou. | 813 Assour-idil-il.
863 . . . ulu. | 812 Samsi-Bel.
862 Bel-idil-il. | 811 Bel-Ilouya.
861 Ninip-upahar. | 810 Palluya.
860 Samas-ilouya. | 809 Gourdi-Assour.
859 Mardouk-ilouya. | 808 . . . Ninip.
858 Assour-ipisiya-ousour. | 807 Il. . . nisi.
. . . . | 806 Abu. . . il.
————————Belochus IV et Sémiramis. | 805 . . . . .
850 Hou-lihhous. | 804 Hi. . . .

803 . . . .

802 Lakibou.

801 Si-Assour-lahar.

800 Bel-kounouk.

799 Ninip-idin.

798 Bel-sadoua.

797 Kuïsou.

796 Ninip-soumgir-anni.

————————————————Sardanapale V.

795 Assourlihhous.

794 Samsi-El.

793 Mardouk-noussi-anni.

792 Bel-idil-il.

791 Samas-ittallik.

790 Assour-kaïn.

789 Sin-noussi-anni.

788 Nirgal-iddanna.

————————————————

Nabou-asir.

Bel-idil-il (manque dans le n° 4).

Interruption jusqu'au rétablissement des éponymies.

Règne de Phul.

————————————————

741 Tiglatpileser.   -Tiglatpileser IV.

740 Nabou-doumninanni.

739 Salmanasir.

738 Nabou-soumgiranni.

737 Sin-kounouk.

736 Hou-kayan.

735 Bel-simiani.

734 Ninip-ilouya.

733 Assour-noussi-anni.

732 Bel-idil-il.

731 Assour-dounnin-anni.

730 Nirgal-asir.

729 Nirgal-youballit.

728 Bel-tib-dari.

727 Nabhar-il.

726 Daïr-Assour.

————————————————Salmanassar V.

725 Salmanasir.

724 Mardouk-asir.

723 Mahdië.

722 Assourkhalli.

721 Assour. .

————————————————Sargon

720 Ninip-llouya.   et Ninip-llouya.

719 Nabou. . .

718 Nabou-dour-dounnin.

717 Sarkin.   Sargon seul.

716 Zir-ibbanou.

715 Tab-Assour.

714 Tab-sil-asar.

713 Kounouk-ana-Bel.

712 Istar-dairat.

711 Assour-bani.

710 Sar-simi-anni.

709 Ninip-halik-pan.

708 Samas-bel-banou.

707 Mannou-ki-Assour-lih.

706 Samas-youpahar.

705 Sa-Assour-doub.

704 Moutakkil-Assour.

703 Pakhar-Bel.

————————————————Sennachérib.

702 Sidinipous.

701 Annou-Roubouaï.

700 Naboulih.

699 Khanan.

698 Mitoun.

697 Bel-sar.

696 Pani. . . -Sar.

695 Ilou-dour-ousour.

694 Salman-Bel.

693 Assour-asir.

692 . . . . ya.

691 Idin-akhi.

690 Zazaya.

689 Bel-simiani.

688 Nabou. . . .

687 Gihil.

686 Idin-akhi.

685 Sinakhirib.

684 Bel-simiani.

683 Assour-dounninannui (?)

682 Mannou-zir-Ili (?)

681 Mannou-ki-Hou.

680 Nabou-asir.

————————————————Assarhaddon.

679 Nabou-akhi-Isis.

678 Dananou.

677 Nabou-Nirgal-asar.

2.

676 Adram.		663 Bel-Banou.	
675 Babi. . . .		. . . .	
674 Niri. . . .		651 Sa-Nabou. . .	
673 Assour. . . .		650 Abou-bagour.	
672 Nabou-ihi. . .		649 Iskira.	
671 Naboulabar.		648 Dayanou.	
670 Mousizi-ël.		——————————— Assur-idil-il III.	
669 Bàni-Hou.		647 Assour-dannou.	
668 Sin-ikbi.		646 Assour-Ilouya.	
——————— Tiglatpileser V.		645 Assour-dour-ousour.	
667 Dannou-Nirgal.		644 Sambou.	
666 Pitou-Anzazoum.		643 Salman. . . .	
665 Mardouk-asar.		642 . . . . Ilouya.	
664 Samas. . . .			

V. Campagnes de Sargon.

Après avoir fixé les époques antérieures, nous nous adresserons aux périodes postérieures à la prise de Samarie. Voici les règnes des rois :

Sargon	721—702
Sennachérib	702—680
Assarhaddon	680—668
Tiglatpileser V.	668—660
Sardanapale VI.	660—647
Chiniladan III.	647—625
Sardanapale VII.	625—606

Je crois qu'il faut ajouter, contrairement à ce que j'avais admis jusqu'ici, le règne de *Sardanapale* VII ou de *Saracus* qui succéda à son père *Chiniladan* (Assour-idil-il). Il fut vaincu par Cyaxarès et Nabopallassar, qui s'était rendu indépendant 20 ans avant. Ce fait, du reste, ne change absolument rien à la chronologie générale, puisque la prépondérance de Babylone commence avec le règne de Nabopallassar. Dans notre nouvelle opinion, qui du reste a déjà été souvent émise, on a la satisfaction de pouvoir concilier les chiffres avec les données sur la durée de l'invasion des Scythes. Il n'est dit nulle part que Nabopallassar n'ait daté son règne que d'après la chute de Ninive et que *Chiniladan* (Assour-idil-il) ait été le dernier roi d'Assyrie. La confusion des noms de *Saracus* et de *Sardanapale* s'explique par l'écriture assyrienne.

Sargon, le chef de la race, régna 19 ans, et les inscriptions de Khorsabad descendent jusqu'à la 15ᵉ campagne, comme on le verra par *la grande inscription des salles*. Ce texte n'est pas disposé chronologiquement, à l'exclusion de toute autre considération, comme l'est la grande *inscription des annales* qui ornait jadis les salles II et V du palais de Khorsabad. Trente-cinq plaques de marbre de 13 lignes chacune, d'égale hauteur, formaient une sorte de frise autour de la salle II; de ce nombre manquent les plaques 2, 3, 4, 5, 20, 23, 24, 26, 27, 30, 35; les plaques 1 et 15 sont tellement mutilées qu'elles ne laissent deviner que quelques mots, et des autres aucune n'est conservée dans un état parfait. La salle V est également très-mutilée; néanmoins elle peut servir pour combler quelques lacunes de la salle II, et les campagnes de Sargon peuvent être classées dans leur ordre chronologique. Les voici telles qu'elles résultent de ces documents :

721 Usurpation de Sargon après la mort de Salmanassar V. Victoire sur Houmbanigas, roi d'Elam. Soumission des tribus de Chaldée. Marche sur Samarie.

720 Prise de la ville et transportation de la *Maison d'Omri*, en Assyrie.

719 Seconde campagne, contre Ilubid et Karkar. Bataille de Raphia contre Sevech et Hanon. Commencement du siége de Tyr[1].

718 Troisième campagne, défaite de Mitatti.

717 Quatrième campagne, prise de Sinoukhta. Sargon est roi seul.

716 Cinquième campagne, défaite de Pisiris, roi de Circésium, et prise de la ville[2]. Expédition contre Paphos. Guerre contre Ullousoun.

715 Sixième campagne, prise de Surgadia.

714 Septième campagne, première contre Ursa ; expédition contre l'Arménie et la Médie. Tributs de Pharaon, de la reine des Arabes, et des Sabéens.

713 Huitième campagne, seconde guerre contre l'Arménie. Sac de Musasir. Tributs de 7 rois de la mer.

712 Neuvième campagne, guerres contre Karalla et les pays du nord et de l'est.

711 Dixième campagne, défaites de Tarhoular, et d'autres rois du Nord. Tributs de Syrie. Construction de Khorsabad.

710 Onzième campagne contre la Syrie. Prise d'Asdod, défaite des Syriens. Soumission des Éthiopiens. Intervention, en Illib, dans la lutte de succession, et guerre avec Elam.

709 Douzième campagne, guerre contre la Chaldée. Bataille de Bet-

[1] Sargon nomme Tyr très-vaguement; nous savons par Josèphe (*Ant.* IX, 14, 2) que le roi d'Assyrie, *qui n'est pas nommé* dans le passage, a subi une défaite par les Syriens, et qu'il a assiégé la ville pendant cinq ans. Mais ce roi n'est pas Salmanassar, mais Sargon, qui selon le même passage, *attaqua aussi Chypre.*

[2] La grande inscription des salles ne mentionne pas ce fait qu'aucun autre texte n'a oublié de relater.

Iakin. Défaite et détrônement de Merodach-Baladan, roi de Babel.

708 Treizième campagne, contre Chypre.

707 Quatorzième campagne, victoire remportée sur Oupir.

706 Quinzième campagne, dirigée contre Mita.

Les inscriptions ne nous fournissent pas de données postérieures à 706; mais nous voyons par le canon de Ptolémée que Babylone se souleva, en 704, et ne fut réduite qu'après la mort de Sargon, par le fils de celui-ci, dans sa première campagne.

Le règne véritable de Sargon date évidemment de sa quatrième année, de l'année de son éponymie : nous en avons la preuve directe dans une tablette du Louvre, datée du 13ᵉ jour du 6ᵉ mois de la 12ᵉ année de Sargon, de l'éponymie de *Mannou-ki-Assour-lih* (« qui est auguste comme Assour? » un Michaël assyrien). Or, la liste des éponymies le porte le 11ᵉ après Sargon. Entre Salmanassar V et Sargon, se place *Ninipilouya* (« Ninip est mon Dieu »), qui peut-être a donné naissance à la légende de Ninyas, comme roi fainéant, à moins que Ninyas ne soit la personnification du nom de Ninive.

Sargon n'était pas le fils de son prédécesseur; il ne nomme nulle part son père, ce qui ne prouve pas pour sa haute extraction, tandis que Nabonid, issu d'un père de grande famille, n'en tait jamais le nom. Mais l'usurpateur rattache son origine à l'ancienne race royale dépossédée; ainsi, il parle rarement des rois du *grand empire,* sans les appeler les rois ses pères.

Nous faisons maintenant suivre la *traduction de l'inscription,* telle qu'elle résulte de la comparaison des plaques de marbre qui jadis ornaient les salles IV, VII, VIII, X du plan de Botta. Les quatre exemplaires se complètent l'un l'autre; nous n'avons à regretter que la perte de quelques mots, dans un passage important, qui traite de l'Éthiopie.

Grande inscription des salles de Khorsabad.

« Palais de Sargon, le grand roi, le roi puissant, roi des légions, roi d'Assyrie, vicaire des dieux à Babylone, roi des Soumirs et des Accads, favori des grands dieux.

» Les dieux *Assour, Nebo* et *Mérodach* lui ont conféré la royauté des nations. Fier de son nom sans tache, il a déclaré la guerre à l'impiété. Il a restauré les sanctuaires de Sippara, de Nipour, de Babylone et de Borsippa; il a redressé les infractions aux lois respectables que les hommes avaient commises.

» J'ai réuni les couronnes le Kalou, Chalné, Erech, Rata, Larsam (*Senkereh*), Zari, Kisk, le séjour du dieu *Laguda*; j'ai assujetti leurs habitants. Quant aux lois de Baalbek et de la ville de Harran, tombées en désuétude, depuis des jours reculés, j'ai remis en vigueur leurs coutumes altérées.

» Les grands dieux m'ont rendu heureux par la constance de leur affection; ils m'ont accordé sur tous les rois l'exercice de ma souveraineté; ils leur ont imposé à tous l'obéissance. A partir du jour de mon avénement, les princes mes rivaux ne m'ont pas dédaigné; je n'ai pas en homme lâche redouté les combats et les batailles. J'ai rempli de terreur les terres des rebelles, et j'en ai exigé les symboles de soumission présentés dans les quatre éléments. J'ai ouvert des forêts innombrables, profondes et d'une grande étendue; j'ai fait aplanir leurs inégalités. J'ai traversé des vallées tortueuses et arides, qui étaient le siége de chaleurs mortelles; et en passant, j'ai fait creuser des citernes.

» C'est par la grâce et la puissance des grands dieux mes maîtres que j'ai forcé mes serviteurs à m'obéir; par la prière, j'ai obtenu la défaite de mes ennemis. J'ai régné depuis *Iatnan* [1], qui est au milieu de la mer du soleil couchant, jusqu'aux frontières de l'Egypte et du pays des Moschiens, la vaste Phénicie, la Syrie dans son ensemble, la totalité des *Guti muski* de la lointaine Médie, voisine des pays de Bikni, jusqu'au pays d'Albanie, de Ras qui est limitrophe d'Elam aux bords du Tigre, jusqu'aux tribus d'Itou, de Roubou, de Haril, de Kaldoud, de Hauran, d'Ouboul, de Rou'oua, de Litaï qui demeurent sur les rives du Sourappi et de l'Oukni, de Gamboul, de Khindar, de Pukud [2]. Les Souti chasseurs qui sont dans la terre de Yatbour la remarquable, jusqu'aux villes de Samhoun, de Bab-Karakh, de Karakh-Tilit, de Kilikh, de Bélat, de Dounni-Samas, de Boubi, de Tell-Khoumba, qui dépendent

---

[1] *Itanus* sur l'île de Crète, et puis nom de l'île de Chypre.
[2] Pekod de la Bible, Jér., 50, 21. Ez., 23, 23.

d'Elam et de Tirat-douniyas (*Trédon* [1]), la haute et la basse, des pays de Bet-Amoukkan, de Bet-Dakkour, de Bet-Silan, de Bet-Sa'alla, qui, en tout, forme la Chaldée (qui n'est pas à dédaigner), le pays de Bet-Yakin, qui est sur les bords de la mer, jusqu'aux confins d'Asmoun. J'ai perçu leurs tributs, j'ai institué au-dessus d'eux mes lieutenants comme gouverneurs, et je les ai réduits sous ma suzeraneté.

» Voici ce que j'ai fait depuis le commencement de mon règne jusqu'à ma 15ᵉ campagne :

» Je défis dans les plaines de Kalou, Khoumbanigas, roi d'Elam.

» J'assiégai, j'occupai la ville de Samarie, et réduisis en captivité 27,280 personnes qui l'habitaient ; j'ai prélevé sur eux 50 chars, et j'ai changé leurs établissements antérieurs. J'ai institué au-dessus d'eux mes lieutenants, j'ai renouvelé l'obligation que leur avait imposée un des rois mes prédécesseurs.

» Hanon, roi de Gaza, et Sebech *sultan* [2] d'Egypte se réunirent à Rapih (Raphia) pour me livrer combat et bataille ; ils vinrent en ma présence, je les mis en fuite. Sebech céda devant les cohortes de mes serviteurs, il s'enfuit et jamais on n'a revu sa trace. Je pris de ma main Hanon roi de Gaza.

» J'imposai des tributs à Pharaon, roi d'Egypte, à Samsië, reine d'Arabie, à It-Himyar le Sabéen, de l'or, des herbes odorantes, des chevaux, des chameaux.

» Kiakkou, de Sinoukhta, avait méprisé le dieu Assour et avait refusé sa soumission ; je le fis prisonnier lui, et je pris ses 30 chars, et 7,350 de ses soldats. Je donnai Sinoukhta, la ville de sa royauté, à Matti, du pays de Touna ; j'ajoutai au tribut antérieur des chevaux et des ânes, et je l'ai institué comme gouverneur.

» Amris, de Tabal, avait été mis sur le trône de Khoulli, son père ; je lui accordai son installation et lui donnai la Cilicie, (*Khilakkou*), qui n'avait pas été soumise à ses ancêtres. Mais il n'observait pas l'alliance, et envoya son ambassadeur à Ursa roi d'Arménie et à Mita roi des Moschiens qui m'avaient enlevé

---

[1] La basse Chaldée ; on voit que tous les noms de villes élamites sont sémitiques (Voir *Genèse*).

[2] C'est le mot *siltan*, le *shilton* hébreu (pouvoir), le *sultan* arabe.

mes provinces. Je transportai en Assyrie Amris, avec sa dépendance, les membres de la famille de ses ancêtres, les magnats du pays, ainsi que 100 chars; j'établis à leur place des Assyriens dévoués à mon empire. J'instituai sur eux mon lieutenant comme gouverneur, et je leur ordonnai la prestation des tributs.

» Iaoubid, d'Hamath, auparavant....., n'était pas légitime maître du trône; homme infidèle et impie, il avait convoité la royauté d'Hamath. Il excita contre moi les villes d'Arpad, de Simyra, de Damas et de Samarie, et prit ses précautions avec chacune d'elles, et se prépara à la bataille. Je comptai toutes les troupes du dieu Assour; j'assiégeai dans la ville de Karkar, qui s'était déclarée pour le rebelle, lui et ses guerriers; j'occupai Karkar, et je la réduisis en cendres. Je le pris lui-même, je lui fis arracher la peau, et je tuai les chefs des émeutiers dans chacune de ces villes, et j'en ai fait un lieu de désolation. Je recrutai 200 chars, 300 cavaliers parmi les habitants du pays d'Hamath, et je les ajoutai à la part de ma majesté.

» Tant qu'Iranzou de Van vivait, il était soumis et dévoué à mon empire; mais le sort l'enleva. Ses sujets placèrent son fils Aza sur son trône. Ursa, l'Arménien, intrigua avec les peuples du mont Mildis, de Zikartu, de Misiandi, avec les grands de Van et les entraîna à la défection; ils abandonnèrent le corps de leur maître Aza sur les sommets des montagnes. Ullousoun, de Van, son frère, qu'ils avaient mis sur le trône de son père, s'inclina vers Ursa et lui donna 22 places fortes avec leurs garnisons. Dans la colère de mon cœur, je comptai toutes les armées du dieu Assour, je fis un vœu dans mon esprit, et je m'avançai pour attaquer ces pays. Ullousoun de Van vit l'approche de mon expédition; il sortit avec ses troupes, et se tint en lieu sûr dans les ravins des hautes montagnes. J'occupai Izirti, la ville de sa royauté, et les villes d'Izibia, d'Armit, ses redoutables forteresses; je les réduisis en cendres. Je tuai tout ce qui appartenait à Ursa l'Arménien, dans ces hautes montagnes. Je pris de ma main 250 membres de sa famille royale; j'occupai 55 villes murées, dont 8 villes ordinaires et 11 forteresses inaccessibles, je les réduisis en cendres. Les 22 villes fortes d'Ullousoun qu'Ursa avait prises, je les incorporai à l'Assyrie. J'occupai 8 villes fortes du pays de Toûya et les bourgs de Tilousina, d'Andia; 4,200 hommes avec leurs propriétés furent emmenés en esclavage.

» En même temps, Mitatti de Zikarta s'était débarrassé de ma domination; lui et les hommes de son pays s'étaient enfuis dans les forêts, on n'en vit pas la trace. (Plus tard), je réduisis en cendres Parda, la ville de sa royauté; j'occupai 23 grandes villes de ses environs, et je les dépouillai. Les villes de Souan-dakhoul et de Zourzoukkou du pays de Van s'étaient inclinées vers Mitatti, je les occupai et les pillai. Puis j'ai pris Bagadatti du Mont-Mildis et je lui fis arracher la peau. Je déportai Dayaoukkou et sa suite à Hamath, et je les y fis demeurer.

» Alors, Ullousoun entendit dans ses hautes montagnes mes exploits glorieux; il s'en alla en hâte comme un oiseau, et vint vers moi en suppliant, je lui pardonnai ses méfaits sans nombre et ses iniquités furent effacées. Je lui restituai sa terre, je le replaçai sur le trône de sa royauté. Je lui donnai les deux for-teresses et les 22 grandes villes que j'avais enlevées des mains d'Ursa et de Mitatti. J'ai travaillé à la pacification de sa con-trée. Je fis l'image de ma majesté, j'y écrivis la gloire du dieu Assour mon maître, et je l'érigeai en plusieurs exemplaires, dans Izirti, la ville de sa royauté.

» J'imposai comme tribut à Yanzou, roi du pays des fleuves, dans Houbouskia, la ville de sa puissance, des chevaux, des bœufs et des agneaux.

» Assourlih, de Kar-Alla, Itti d'Allapour, avaient péché contre Assour, et méprisé sa puissance, je fis arracher la peau à Assourlih. Je déportai les hommes de Kar-Alla (qui n'est pas à dédaigner), et Itti ainsi que sa suite, je les plaçai dans Hamath.

» J'enlevai à leurs demeures les habitants des villes de Soukkia, Bala, Abitikna, Pappa (Paphos), Lalloukni, je les fis demeurer à Damas en Syrie.

» J'occupai les 6 villes du pays de Niksamma (naguï). Je pris de ma main Nirisar, gouverneur de la ville de Sourgadia; j'ajoutai ces villes à la satrapie de Parsouas (Parthie).

» Bel-sar-ousour (Balthasar) était roi de la ville de Kisisim; je fis transporter en Assyrie lui, ce qu'il possédait, son trésor, le contenu de son palais; j'ai placé mon lieutenant comme gouverneur sur la ville, à laquelle j'ai donné le nom de Kar-Mardouk. Je fis faire une image de ma majesté, et je l'érigeai au milieu de la ville. J'occupai 6 villes des environs, et je les ajoutai à son gouvernement.

» J'assiégeai et vainquis Kibaba préfet de la ville de Khar-khar, je réduisis à la captivité lui et les habitants de son pays. Je rebâtis de nouveau cette ville, j'y fis demeurer les habitants des provinces que mon bras avait conquises. Je plaçai au-dessus d'eux mon lieutenant comme gouverneur. Je nommai la ville Kar-Sargon, j'y ai institué le culte du dieu *Assour*, mon maître, j'érigeai dans elle l'image de ma royauté. J'occupai 6 bourgs de ses environs, et je les ajoutai à ce gouvernement.

» J'assiégai et je pris les villes de Tell-Akhi-toub, de Khindaou, de Bagaï, d'Anzaria; j'en transportai les habitants en Assyrie. Je les ai réédifiées de nouveau, je leur donnai les noms de Kar-Nabou, de Kar-Sin, de Kar-Hou, et de Kar-Istar.

» Pour me maintenir en Médie, j'ai élevé des fortifications dans le voisinage de Kar-Sargon. J'occupai 34 bourgs de la Médie et je les annexai à l'Assyrie, et j'établis sur eux des tributs consistant en chevaux.

» J'assiégeai et je pris la ville d'Eristana et les villes environnantes du pays de Baït-Ili; j'enlevai leurs dépouilles.

» Les pays d'Agag et d'Ambanda en Médie, vis-à-vis des Arabes du levant du soleil, avaient refusé leurs tributs, je les ai détruits, dévastés, brûlés par le feu.

» Rita d'Albanie m'était soumis, dévoué au culte d'Assour; 5 bourgs de sa dépendance firent défection et ne reconnurent plus sa domination. Je vins à son aide; j'assiégeai et j'occupai ces bourgs, j'emmenai en Assyrie les hommes et leurs propriétés avec des chevaux sans nombre.

» Urzana, de la ville de Musasir, avait eu confiance en Ursa l'Arménien, et m'avait refusé sa soumission. Je me suis rendu maître avec la force de mon armée, et par une ruse, de la ville de Musasir; et lui, pour sauver sa vie, s'enfuit seul, et s'en alla dans les montagnes. J'ai agi en dominateur envers Musasir. J'ai saisi comme butin la femme d'Urzana, ses fils et ses fil-

les, son pécule, son trésor, le contenu de son palais (qui n'é-
tait pas à dédaigner) avec 2,100 hommes et tout ce qu'ils pos-
daient, les dieux *Haldia* et *Bagabartu*, ses dieux et leurs vases
sacrés en grand nombre.

» Ursa, roi d'Arménie, entendit la défaite de Musasir et
l'enlèvement du dieu *Haldia* [1], son dieu; entre les mains de
ses grands, il se tua par un coup de poignard. Je. . . . . . .
par toute l'Arménie jusqu'aux confins de ses tribus, témoins
de sa révolte (?). Les hommes qui habitent ce pays, je les
constituai *sibitta* et *sirha*.

» Tarhounazi, de la ville de Milid, *tukuntu ihsuh*. Il se
tourna contre les grands dieux, et refusa sa soumission. Dans
le courroux de mon cœur, je remplis de terreur Milid, la ville
de sa royauté, et les villes environnantes. Je fis sortir de Tell-
Garimmi, ville de sa puissance, lui et sa femme, ses fils et ses
filles, les esclaves de son palais (qui n'est pas à dédaigner)
avec 5,000 guerriers; je les traitai en butin. Je rebâtis de
nouveau Tell-Garimmi, je le fis occuper en entier par des
sagittaires du pays de Kammana que ma main avait conquis, et je reculai les limites de ce pays. Je le remis entre les
mains de mon lieutenant, et je l'ai mis au-dessus comme porte-
couronne (vice-roi), comme cela avait été du temps de Goun-
zinan, le roi antérieur.

» Tarhoular, de Gamgoum, avait un fils, Mouttallou, que
le peuple avait reconnu pour maître, et institué, contre ma
volonté, sur son trône, et à qui ils avaient confié leur pays.
Dans la colère de mon cœur, je marchai avec hâte contre la
ville de Markasi, avec mes chars et mes cavaliers, qui ne
quittaient pas mes pas. J'ai traité en captif Mouttallou, son fils,
avec les familles du pays de Bet-Pa'alla (qui n'est pas à dédaigner) avec l'or, l'argent, le trésor de son palais. J'ai réintégré de nouveau les hommes de Gamgoum et les tribus des environs, et j'ai mis au-dessus d'eux mon lieutenant comme
gouverneur; je les ai traités comme des Assyriens.

» Azouri, roi d'Asdod [2], s'obstina dans son esprit à ne plus

---

[1] Nous retrouvons, dans les inscriptions de Van, le dieu *Haldia* comme dieu
des Arméniens.

[2] Voir Isaïe, xx, 1.

fournir ses tributs; il envoya aux rois ses voisins des messages hostiles à l'Assyrie. Pour cela, je méditai une vengeance, et je le remplaçai par un autre dans la domination sur ses pays. J'élevai, à sa place, son frère Akhimit à la royauté. Mais le peuple de Syrie, avide de révolte, se lassa du gouvernement d'Akhimit, et éleva Iaman, qui comme celui-là, n'était pas maître légitime du trône. Dans la colère de mon cœur, je n'ai pas divisé mon armée et je n'ai pas diminué les bagages mais j'ai marché contre Asdod avec mes guerriers, qui ne se séparaient pas des vestiges de mes sandales.

» Iaman apprit de loin l'approche de mon expédition, il s'enfuit au delà de l'Egypte, du côté de Méroé, et jamais on ne revit plus sa trace. J'assiégeai, je pris Asdod et la ville de Gimt-Asdodim [1], j'enlevai comme captifs ses dieux, sa femme, ses fils, ses filles, son pécule, le contenu de son palais avec les habitants de son pays. Je rebâtis de nouveau ces villes, et j'y plaçai les hommes que mon bras avait conquis sur les pays du soleil levant; je mis au-dessus d'eux mon lieutenant pour les gouverner, et je les traitai comme des Assyriens. Ils ne se rendaient plus coupables d'impiété.

» Le roi de Méroé demeure dans........, un lieu désert, le soutien de........ Depuis les jours les plus reculés jusqu'à...... ses pères n'avaient pas envoyé des ambassadeurs aux rois, mes ancêtres, pour demander paix et amitié, et pour reconnaître la puissance de Mérodach. Mais la terreur immense qu'inspirait ma majesté le fléchit, et la crainte tourna autrement ses intentions. Dans les *sissi*, il reconnut la grandeur de Ninip, dirigea ses pas vers l'Assyrie, et se prosterna devant moi.

» Mouttallou, de Commagène, homme frauduleux et hostile, n'honorait pas la mémoire des dieux; il trama une conspiration et médita la défection. Il s'inclina vers Argisti, roi d'Arménie, *nirari la mu sir (nu) (su)*, refusa la prestation des tributs et de sa part s'adjugea du butin, et me dénonça sa soumission. Dans la colère de mon cœur, je suivis le chemin de son pays avec les chars de ma puissance et les cavaliers qui ne se séparaient pas de mes pas. Mouttallou vit l'approche de mon expédition, il retira ses troupes, et on ne revit plus sa trace.

[1] Une forme hébraïque.

J'assiégeai, j'occupai sa capitale, et 62 grandes villes toutes ensemble, j'enlevai comme dépouilles sa femme, ses filles, son pécule, son trésor, les choses précieuses de son palais avec les habitants de son pays, et je n'y oubliai rien. J'inaugurai de nouveau ce bourg, j'y plaçai les hommes du pays de Bet-Iakin, que mon bras avait conquis, j'instituai sur eux mon lieutenant pour les gouverner, et j'établis ma domination au-dessus d'eux. Je prélevai sur eux 150 chars, 1,500 cavaliers, 20,000 archers, 1,000 hommes armés de boucliers et de lances, et j'ai confié le pays à mon satrape.

» Tant que vivait Rita, roi d'Albanie, il m'était soumis, et dévoué à ma domination ; les infirmités de l'âge vinrent, et allèrent le chemin de la mort. Nibi et Ispabara, les fils de ses épouses, revendiquaient chacun pour lui l'occupation du trône de sa royauté, le pays et les impôts; et ils se livrèrent bataille. Nibi s'adressa pour soutenir ses prétentions à Soutrouk-Nakounta, roi d'Elam, et lui donna la promesse de la sujétion, et s'en alla pour commencer les hostilités. Ispabara, de son côté, m'adjura de soutenir sa cause et de relever son âme, en se prosternant et en s'humiliant, et me demanda mon alliance. J'envoyai sept de mes lieutenants et leurs armées soutenir ses prétentions; ils mirent en fuite, à la ville de Marsambisti, Nibi et l'armée des quatre fleuves (Elam [1]), qui l'avaient assisté. Je replaçai Ispabara sur son trône, je rétablis la paix dans son pays, et je le lui confiai.

» Mérodach Baladan, fils de Iakin, roi de Chaldée, *zibirti hiristi in limni*, ne respectait pas la mémoire des dieux, il se fia à la mer, *gubus idi ;* il éluda les préceptes des grands dieux et négligea sa dévotion. Il s'était adjoint pour l'assister, Khoumbanigas, roi d'Elam. Il avait excité contre moi toutes les tribus nomades. Il se prépara à une bataille, et se porta en avant. Pendant 12 ans, contre la volonté des dieux de Babylone, la ville de Bel qui juge les dieux, il avait excité le pays des Sumirs et des Accads et leur avait envoyé des ambassades (?). En honneur du dieu Assour, le père des dieux, et du grand seigneur auguste Mérodach, j'éveillai mon courage; je disposai ma rangée de bataille. Je décrétai une expédition

[1] Cette identification n'est pas sûre.

contre les Chaldéens, gens d'émeute et d'impiété. Mérodach Baladan apprit l'approche de mon expédition; voulant donner le change à ses guerriers, il fuit devant elle, et vola comme un oiseau, en se repliant de Babylone jusqu'à la ville d'Ikbibel. Il répartit les villes qui possédaient des oracles et les dieux qui habitent dans elles, parmi ses généraux. Lui-même se porta à Hisir-Iakin et en fortifia les murailles. Il convoqua les tribus de Gamboul, de Poukoud, de Tamoun, de Rouhoua et de Khindar et les mit dans cette place, et prépara la bataille. Il explora et calcula l'étendue du terrain en avant du grand mûr. Il construisit un fossé large de 200....., et profond d'un *barsa* [1]. Dans ce fossé aboutissaient les conduits d'eau, à partir de l'Euphrate; il avait coupé et divisé en canaux le cours du fleuve. Il avait ceint d'une digue la ville, lieu de la révolte, il l'avait remplie d'eau et puis coupé les conduits. Mérodach Baladan, avec ses aides et ses soldats, fit flotter comme des oiseaux les insignes de sa royauté sur les rives du fleuve; il arrangea son plan de bataille. J'étendis mes. combattants le long du fleuve, en les répartissant en bandes; ils vainquirent les ennemis. Les eaux de ses canaux engloutirent dans leurs ondes les cadavres du rebelle. Les tribus nomades étaient présentes à ce désastre qui était . . . . ., et s'enfuirent; je séparai complétement de lui ses alliés et les hommes de Marsan; je remplis d'une terreur mortelle les rangs des insurgés. Lui abandonna dans sa tente les insignes de sa royauté, le........ en or, le trône en or, le parasol en or, le sceptre en or, le char en argent, les ornements en or, et des effets d'un poids considérable; clandestinement il se sauva. Il répara son fort, puisque les murs tombaient en ruines et *iruba ami* de son armée. J'assiégeai, j'occupai la ville de Hisir-Iakin. Je pris comme dépouilles et captifs, lui et sa femme, ses fils, ses filles, l'or, l'argent, tout ce qu'il possédait, le contenu de son palais (qui n'est pas à dédaigner) avec un butin considérable de la ville. Je rendis responsable de leur péché chacune des familles et chacun des hommes qui s'étaient soustraits à ma domination. Je réduisis en cendres Hisir-Iakin, la ville de sa puissance, je minai et je détruisis ses murs antiques, j'arra-

[1] Trois *kani*, ou cannes.

chai la pierre angulaire (*timin*), j'en fis un monceau de ruines. Aux gens de Sippara, Nipour, Babylone et Borsippa qui habitaient au milieu de la ville pour exercer leur profession de devins, je rendis le montant de ce qu'on leur avait pris, et je les ai protégés. J'ai repris les tables des calculs, qui avaient été depuis des temps éloignés dans la possession des *Suti*, et je les ai restituées à leurs possesseurs légitimes. J'ai réintégré sous mon joug les tribus nomades, et je leur ai confié leurs territoires antérieurs, qu'elles avaient administrés au bonheur du pays.

» Je donnai aux villes de Calneh, d'Erech, de Rat, de Larsam, de Zerghoul, de Kisik, séjour du dieu *Lagouda*, à chacune le dieu qui y demeure, et je restituai à leurs sanctuaires les dieux qui avaient été ravis. Je remis en vigueur les lois altérées.

» J'imposai des tributs aux pays de Bet-Iakin, la haute et la basse partie, et aux villes de Samhoun, Bab-Karakh, Karakh-Tilit, Boubi, Tell-Khoumba, qui sont du ressort d'Elam. Je transplantai en Elam les habitants de la Commagène en Syrie, que j'avais atteints de ma main, dans l'obéissance des grands dieux mes maîtres; et je les plaçai sur le territoire d'Elam dans la ville de Sakbat. Nabou-pakid-ili fut autorisé à percevoir les impôts des Elamites pour les gouverner; je revendiquai comme gage la ville de Birtou; tout ce pays, je le remis entre les mains de mon lieutenant à Babylone, et de mon lieutenant dans le pays de Gamboul.

» Seul je me rendis à Babylone, aux sanctuaires de *Bel*, le juge des dieux, dans l'exaltation de mon cœur, et la splendeur de ma face; je pris les mains du grand seigneur, l'auguste dieu Mérodach, et je parcourus le chemin de la chambre des dépouilles.

» J'y ai transporté 154 talents, 26 mines, 10 drachmes d'or *hinirsû*, 1,804 talents, 20 mines d'argent, de l'ivoire, des couleurs multiples, de l'acier en quantité infinie, de la pierre *ka*, du cuivre, des minéraux *pi*, *muhhu digili*, du *pi* laminé, du *sirru*, et pour vêtements, des étoffes bleues, pourpres, coloriées avec du *berom* et du safran, du bois d'ébène, de cèdre, de cyprès, tous fraîchement coupés du mont Amanus aux belles forêts, en honneur de Bel, de Zarpanit, de Nebo et de Tasmit, et des dieux qui habitent les sanctuaires des Sumi et des

Accads ; tout cela déjà à partir de mon avénement jusqu'à la 3ᵉ année de mon règne [1].

» Oupir, roi d'Asmoun, qui habite à 30 doubles heures au milieu de la mer du soleil levant, et qui est établi comme un poisson, entendit la grâce que m'avaient accordée les dieux Assour, Nebo et Mérodach, il envoya donc son don expiatoire.

» Et les 7 rois du pays de Iahnagi, du pays de Iatnan, (qui à 7 jours de navigation au milieu de la mer du soleil couchant, ont établi et étendu leurs demeures, et dont depuis les temps les plus reculés jusqu'à la période de.........., personne, parmi les rois mes pères en Assyrie et en Chaldée (*Tirat-douniyas*), n'avait entendu prononcer le nom), avaient appris mes hauts faits en Chaldée et en Syrie, et ma gloire qui s'était étendue de loin jusqu'au milieu de la mer. Ils fléchirent leur orgueil et s'humilièrent eux-mêmes ; ils se présentèrent ensemble devant moi à Babylone, portant des métaux, de l'or, de l'argent, des vases, du bois d'ébène, et les fabrications de leur pays ; ils s'inclinèrent devant moi.

» Pendant que je travaillais pour exterminer Bet-Iakin et pour réduire Aram, et que je rendis plus efficace ma domination au pays de Iatbour qui est au delà d'Elam, mon lieutenant, le préfet du pays de Kouï, attaqua Mita, le Moschien et 3,000 de ses bourgs ; il démolit 10 villes, les détruisit, les brûla par le feu et emmena beaucoup de captifs. Et ce Mita, le Moschien, qui ne s'était pas soumis aux rois, mes prédécesseurs, et n'avait jamais changé ses intentions, envoya vers moi son serviteur jusqu'aux bords de la mer du soleil levant, pour faire sa soumission et pour apporter ses tributs.

» Je dis alors : Ces peuples et ces pays que ma main a conquis et que les dieux Assour, Nebo et Mérodach ont réunis sous ma domination, suivirent la voie de la piété. C'est avec leur aide, qu'aux pieds des Mousri, pour remplacer Ninive [2], je fis d'après la volonté divine et le vœu de mon cœur, une ville que j'appelai *Hisir-Sargin*. Nisroch, Sin, Samas, Nebo, Ao, Ninip

---

[1] C'est à partir de cette époque que Sargon pouvait aspirer à la royauté exclusive, son compétiteur étant écarté. Sargon parle de sa troisième *année*, et non pas de sa troisième campagne, pour insister sur ce qu'il avait fait déjà avant l'année 717.

[2] A cette époque, le palais de Ninive était encore en ruines.

et leurs grandes épouses qui règnent éternellement en Mésopotamie et le pays d'Aralli ont béni les merveilles splendides,
les rues superbes dans la ville de Hisir-Sargon. J'ai rectifié les
institutions qui n'étaient pas conformes à leurs volontés. Les
prêtres, les *nisi ramki*, les *sarmakkhi supar* débattirent dans
leurs discussions savantes, sur la prééminence de leurs divi-
nités et l'efficacité de leurs sacrifices.

» J'ai bâti, dans la ville, des palais couverts par des peaux de
veaux marins, en santal, ébène, lentisque, cèdre, cyprès, pistachier sauvage, un palais d'une incomparable splendeur, pour
le siége de ma royauté. J'ai disposé leur *dunu* sur des planches
en or, en argent, en cuivre, et *tak tilpi*, en pierres lisses, en
couleurs faites avec de l'étain, du fer, de l'antimoine, et des
hibisti arrangés. J'ai écrit là-dessus la gloire des dieux. Au-dessus j'ai bâti une charpente en poutre de cèdre. J'ai entouré
avec des rosaces en briques vernissées, les poutres de pin et de
lentisque, et j'ai calculé leur distance. J'ai fait un escalier en
spirale, à l'égal de celui du grand temple de Syrie qu'on nomme
dans la langue de Phénicie *Bet-hilanni*. Entre les portes j'ai
mis 8 lions doubles, dont le poids est de 6.....; 50 talents......
vernissés furent fabriqués en honneur de *Mylitta*. . .
. . . .

et leur 4 *kubur* en matériaux du mont Amanus, je les plaçai sur
des *nirgalli*. J'ai sculpté avec art, des pierres de la montagne.

» Pour décorer les portes, j'ai fait des enjolivements dans les
linteaux et les montants ; les traverses, en pierre gypse d'une
grande dimension que j'avais enlevées de ma main, je les ai
placées en dessus. J'ai muré leurs parois, et j'ai entraîné à
l'admiration les grands des pays.

» Depuis le commencement jusqu'à la fin j'ai marché dans
l'adoration du dieu Assour, et dans la règle des hommes
sages, j'ai construit ces palais, j'ai amassé des trésors.

» Dans le mois de la bénédiction, au jour heureux, j'ai, au
milieu d'eux invoqué Assour le père des dieux, le plus grand
souverain des dieux et des *Astaroth*, qui habitent l'Assyrie.
J'ai présenté des vases en verre, des objets en argent ciselé, en
ivoire, des bijoux pesants, d'immenses cadeaux, en grande
quantité, et j'ai réjoui leur cœur. J'ai exposé des idoles sculp-

tées, doubles et ailées, des .... ailés, des .... ailés, des serpents, des poissons et des oiseaux incomparables, des canaux, les *miditu*, les ....., dans les hautes montagnes les sommets des terres que j'ai conquises de ma main, pour la gloire de ma royauté. . . . .

. . . .

. . . .

» Il m'a accordé dans son auguste puissance, une heureuse existence, une longue vie, la noblesse de la race, la constance de la victoire. Je me suis confié à sa grâce.

» Le grand seigneur *Bel-Dagon*, le maître des terres, habite la Mésopotamie, les dieux et les *Astaroth* habitent l'Assyrie; leurs légions y restent en *pargiti* et *martakni*.

» Avec les chefs des provinces, les satrapes, les sages, les docteurs, les magnats, les lieutenants et les gouverneurs d'Assyrie, j'ai siégé dans mon palais, et j'ai exercé la juridiction.

» Mon palais contient de l'or, de l'argent, des vases en or et en argent, des pierres précieuses, des couleurs, du fer, les produits des mines considérables, des étoffes teintes en *berom* et en safran, des draps bleus et pourpres, de l'ambre, des peaux de veaux marins, des perles, du santal, de l'ébène, des chevaux de la haute Egypte, des ânes, des mulets, des chameaux, des bœufs, des dépouilles (des rois vaincus) : je les ai étalées devant les dieux et j'en ai réjoui le cœur.

» Puisse *Assour*, le père des dieux, bénir ces palais, en donnant à ses images un éclat spontané! Que jusqu'aux jours les plus reculés, il veille sur les issues! Que devant sa face suprême demeure le Taureau sculpté, le dieu qui porte le parfait bonheur et la béatitude, et qu'il les fasse rester dans cette maison, jusqu'à ce que ces taureaux se mouvront de ce seuil !

» Qu'avec l'aide d'*Assour*, le roi qui a bâti ces palais, se réjouisse de sa progéniture et qu'il septuple sa race. Que jusqu'aux jours reculés durent ces créneaux. Que celui qui y demeure, en sorte entouré de la plus haute splendeur; qu'il se réjouisse, dans l'exaltation de son cœur, de pouvoir accomplir ses vœux, d'atteindre son but, et qu'il rende sa splendeur sept fois plus illustre! »

Inscription de Sargon à Nimroud.

Ce texte est antérieur à la construction de Khorsabad et à la prise de Babylone, et il est très-important parce qu'il est le seul émanant de Sargon, qui contienne la mention de la Judée (*Iahouda*).

« Palais de Sargon, mandataire de *Bel*, lieutenant d'*Assour*, pupille des yeux d'*Oannès* et de *Dagon*, roi puissant, roi des légions, roi d'Assyrie, roi des quatre régions, favori des grands dieux.

» Il est le véritable pasteur que les dieux *Assour* et *Mérodach* ont appelé. Fier de son nom, *harir-namurrati*[1], ses serviteurs l'ont suivi pour exterminer ses ennemis. Juste et terrible, les rois ses rivaux ne l'ont pas dédaigné à partir du jour de son avénement; vainqueur sans égal, il régna sur toutes les terres, du lever du soleil jusqu'au coucher du soleil, et fit plus glorieuse encore la domination de *Bel*. Terrible et redouté, il a été gratifié par les décrets profonds des dieux *noukimmut*, qui ont chargé ses mains d'un pouvoir sans précédent.

» Roi majestueux et auguste, il parut combattant avec Khoumbanigas, roi d'Elam, dans les plaines de Kalou, et le vainquit. Il réduisit la Judée (*Iahouda*), dont le site est lointain, et transporta Hamath, dont le roi Jaoubid devait être atteint par sa main. Il pénétra dans le pays rebelle de Kakmi, et rétablit l'ordre dans Van; il réjouit le cœur de son pays, et porta plus loin les limites d'Assyrie.

» Prince attentif, il fit la guerre aux méchants, et sa main atteignit Pisiri, roi de Syrie, et institua son lieutenant sur la ville de Circesium (*Karkamis*). Il emmena la ville de Sinouchta, conduisit Kiakkou, roi de Tabal, en Assyrie, et soumit le pays des Moschiens. Il attaqua Van, les pays de Karalla et de Paddir, se mêla dans les querelles de ce pays, et porta son nom jusqu'à la lointaine Médie, jusqu'au levant du soleil.

» Dans ce temps se passa ceci : le palais en cyprès, dans la

---

[1] Ici, comme souvent, je me sers simplement des mots assyriens, quand je ne sais pas les traduire.

ville de Kalach, que Sardanapale, l'auguste seigneur, mon prédécesseur, avait fait dans un temps antérieur, n'avait plus de solidité dans ses assises, et, à cause des tremblements de terre, les monts artificiels étaient sans base profonde. Par le tonnerre provenant du ciel, l'antique splendeur s'était évanouie et son mur avait été lézardé, la terre s'était dispersée. J'ai exploré le lieu, et j'ai trouvé la couche inférieure de briques ; j'ai disposé sur ces pierres de taille la pierre angulaire (*timîn*), comme un petit monticule. J'y ai bâti des fondements jusqu'aux revêtements, et je l'ai achevée. J'ai ouvert la porte de leur *ziqi* pour ma satisfaction, dans le. . . . . de sa porte. J'ai imité par la sculpture l'assaut des villes, la sortie de mes serviteurs que j'avais envoyés contre les rebelles, et j'ai rempli l'intervalle (des représentations guerrières) par des bas-reliefs représentant les dieux.

» J'ai invoqué *Nergal*, *Ao*, et les dieux qui habitent la ville de Kalach. J'ai consacré en leur présence des taureaux ailés, des *satgi* ailés, des *ustur* ailés, des oiseaux du ciel, à ailes déployées. J'ai exercé la juridiction, et j'ai réjoui le cœur des Assyriens.

» Dans ces jours, j'ai déposé dans la maison du Trésor 11 talents, 30 mines d'or, 2100 talents, 24 mines d'argent, le grand butin que j'avais pris de Pisiri, roi de Circesium de Syrie, située sur Euphrate. »

Inscription des Barils.

« Sargon, le mandataire de *Bel*, lieutenant d'*Assour*, la pupille des yeux d'*Oannès* et de *Dagon*, le grand roi, le roi puissant, le roi des légions, roi d'Assyrie, roi des quatre régions favorites des grands dieux et le véritable pasteur à qui *Assour*, *Mérodach* ont confié la royauté des peuples.

» Me souvenant de mon nom, j'ai déclaré la guerre à l'impiété. J'ai restauré les digues de Sippara, Nipur, Babylone, j'ai soutenu les faibles parmi eux, j'ai puni ceux qui se rendaient coupables. J'ai revisé les lois de Baalbek qui avaient été altérées. J'ai réuni les couronnes de Kalou, j'ai annexé ses habitants. Arbitre suprême des rois, j'ai sanctionné les statuts qui régissaient la ville de Harran, j'en ai écrit les règlements en m'aidant des hommes d'Oannès et de Dagon.

» Puissant et fort, *harir namurrati*, j'ai conduit mes serviteurs à l'anéantissement des rebelles. Je suis le roi qu'à partir du jour de son avénement ses rivaux ne dédaignèrent pas; dans les combats et les batailles, je ne me suis pas soustrait en lâche. J'ai broyé toutes les terres comme la pierre du fard, et j'ai exigé d'elles les symboles de soumission dans les quatre éléments. J'ai ouvert des forêts innombrables, profondes et d'une grande étendue; j'ai fait aplanir leurs inégalités. J'ai traversé des vallées tortueuses et arides qui étaient le siége de chaleurs mortelles et en passant j'ai fait creuser des citernes.

» J'ai régné, à partir de Ras qui est de la dépendance d'Elam, sur Poukoud, Tamoun, les villes de Dour-Kourigalzou, et de Rapik, le pays de Maskak-abi jusqu'au grand fleuve d'Egypte, la Phénicie étendue, la Syrie dans son ensemble. La puissance de ma main s'étendait à partir de Hasmar jusqu'à la ville de Simaspatti en la lointaine Médie au levant du soleil, la Scythie, l'Albanie, Bet-Hamban, la Parthyène, Van, l'Arménie, la Colchide, Tubal jusqu'aux Moschiens; j'instituai sur ces pays mes lieutenants comme gouverneurs, et je leur imposai des tributs comme aux Assyriens.

» Juste et terrible, je me montrai dans les plaines de Kalou avec Khoumbanigas, roi d'Elam, et je le mis en fuite. J'expulsai les tribus de Tisai, je. . . . . Je dépouillai le peuple de Touhnoum, je châtiai les tributs de Nasiktoun et j'augmentai le tribut des Chaldéens. Je combattis Bet-Omri (*Israël*) l'étendue. Je vainquis, dans la ville de Raphia, l'Egypte, et je conduisis en Assyrie Hanon, roi de Gaza, que j'y avais fait prisonnier. J'attaquai les tribus de Tamoud, Ibadidi, Marsimani, Hayapâ dont quelques parties s'étaient avancées et avaient envahi le Bet-Omri [1].

» Arbitre des combats, je traversai la mer de Yamna dans des vaisseaux comme un poisson. J'annexai Kouï et Tyr. En roi. . . . . je brisai les *armah* de la ville de Sinouchta, j'ai stupéfié ses princes. Je *ulaita* Kiakkou, leur roi, comme *giginis*. J'éprouvai Bet-Bouroutas, dont le roi Ambarrissi ne voulait

____
[1] *Bet-Omri* est le royaume d'Israël, *Iahouda* celui de Judée.

pas croire à la puissance de Sargon. Il s'était appuyé sur Ursa, roi d'Arménie, et Mita le Moschien. . . . . J'expulsai Mita, le roi des Moschiens, je rapportai de Kouï un butin considérable, et je portai plus loin les limites de mon pays.

» Impitoyable, ne permettant pas d'infraction, j'enlevai la racine du pays de Hamath, et le roi Iloubid, je le torturai et l'écorchai comme un tronc d'arbre. Je n'épargnai pas Circesium (*Karkamis*) et je vainquis Pisiri; ma main l'atteignit, car il avait conspiré pour se révolter. Je déclarai la guerre à l'Arménie, dépouillai Musasir, après quoi Ursa, roi d'Arménie, dans sa grande terreur, entouré de ses soldats, s'ôta la vie. Je changeai les demeures des villes de Papa (*Paphos*), Laloukni, Soukkia, Bala, Abitikna, qui, clandestinement, avaient conspiré avec le pays de Kakmi. Je balayai Andia, Zikartu et frappai de mort la totalité de leurs habitants, et jetai entre les rebelles la terreur de la mort. *Na'a gamir dunnisu au abari.* Je réduisis en forme de province la Médie qui ne s'était pas rendue, je soumis les hommes de Kharkhar. J'ai agrandi le domaine de l'Assyrie; je répartis le pays de Van *sabhi*, je rétablis la tranquillité à Illib, j'ai fortifié l'empire sur les pays *kilallan*, j'ai *upzarrir* son *zikir*.

» Je foulai aux pieds le pays de Kilkhi; j'escaladai les contrées montueuses, rebelles et impies qu'Itti d'Allapour avait excitées à la guerre contre moi. Je subjuguai Karalla en mettant au-dessus de ma tête la tiare d'Assourlih, le gouverneur de leur ville, et j'imposai à Ada de Sourda le joug d'Assour.

» La terre de Magganukti se trouve au-dessus des plaines, en dehors du district et dans le voisinage de Ninive; j'ai fait pour qu'elle ressemble à Ninive. Trois cent cinquante rois, environ, avaient avant moi exercé l'empire sur l'Assyrie et avaient fait resplendir la domination de Bel; mais jamais personne parmi eux n'avait examiné cet endroit, n'avait pensé à le rendre habitable, n'avait tenté de creuser un canal. *Ina mirisiya palki sa ina kibit sar apsi bil nimiki ta bistasu nu nu va tu hullâti au hissat uzniya palkâti sa ki sarrâni abutiya ila bilit ta ba us ilin usatiru hasisi.*

» Pour rendre habitable cette ville, pour inaugurer les temples où demeurent les grands, et les palais où trône ma majesté, je choisis le nom, je dessinai les limites, j'en nommai le *ipis*, d'après mon nom. Car les grands dieux m'ont nommé ainsi (*Sarkin*), parce que j'ai observé les traités et la foi jurée, parce que j'ai gouverné sans injustice et sans opprimer les faibles. J'ai présenté aux chefs de la ville les constitutions écrites de la cité, d'après les tables de la vérité, gravées sur argent et sur airain. Je leur ai donné ensuite les explications indispensables sur la loi, sans arbitraire, la loi de la justice, la loi qui les dirige dans leurs actions. J'ai fait avec soin et dans la dévotion, en plusieurs exemplaires, le catalogue des architectes, au-dessous de l'*uksal*, en honneur du dieu de la puissance et du dieu, roi des. . . . . ., de l'humanité, en indiquant les dates. Pendant les journées, je travaillais au milieu de la ville dans la satisfaction de mon cœur et le bonheur ; les soirs, je levais mes mains dans *sukti rab elam* vers le dieu...... le dieu *El*, qui écoute la voix de Ninive.

» Il m'ordonna de me farder la figure, de m'oindre de musc, il inspira les prophètes sublimes, mes maîtres, et m'enjoignit de construire la ville et de creuser des canaux. J'eus confiance en ses recommandations auxquelles on ne saurait se soustraire; je comptai toutes mes cohortes et je fis apporter la couronne. Dans le 3ᵐᵉ mois, nommé Siran, consacré au dieu qui règle le parcours des trente mansions diurnes, qui.. ...., qui éclaire les cieux et la terre, le régulateur des dieux et qui est *Sin*; auquel mois, d'après l'instruction d'*Oannès*, de *Bel* et de *Salman-Nisroch*, les grands dieux ont donné le nom du *mois de la brique*, parce qu'on y moule les briques pour la ville et pour la maison; dans le jour... qui est consacré au maître des sphères magiques, qui est *Nébo*, le lieutenant des légions, l'inspecteur de tous les dieux; dans ces temps, je moulai les briques.

» En honneur du dieu des briques, le maître des fondations en briques, et le dieu des grandes sphères, fils de *Bel-Dagon*, je fis un sacrifice; j'ai attaché le nœud, j'ai levé la main....

» Dans le 5ᵉ mois, qui est le mois où descend le dieu de feu, qui renvoie les nuées humides, et met les fondations de la ville et de la maison, j'ai posé les substructions, et arrangé ses briques. J'ai jeté parmi eux des pierres magiques qui enlèvent une part des vices de la substruction; en honneur de *Salman, Sin, Mylitta, Ao, Samas, Ninip*, j'ai construit un palais couvert de peaux de veaux marins, en santale, d'ébène, de lentisque, cèdre, cyprès et pistachier, avec leur assistance suprême, pour y loger ma royauté. J'ai pratiqué un escalier tournant comme celui du palais de Syrie, à l'intérieur des portes, et j'ai mis des poutres de cèdre et de cyprès au-dessous. J'ai établi les dimensions de mur ainsi : 4..., 3..., 1..., 2 perches; 2... qui contiennent la mention de mon nom; et j'ai enseveli la pierre angulaire profondément dans les pierres des montagnes.

» En longueur et en largeur, aux angles de la circonvallation, vers les 8 directions, j'ai percé 8 grandes portes.

» Le soleil me permet d'atteindre mes désirs, Ao m'apporte mon bonheur : j'ai nommé les grandes portes de l'Orient portes du soleil et d'Ao.

» Bel-Dagon pose les fondations de ma ville, Mylitta Taouth triture, dans son sein, la pierre du fard : j'ai donné aux grandes portes du Midi les noms de portes de Bel-Dagon et de Mylitta-Taouth.

» Oannès active les œuvres de ma main, Istar conduit au combat les hommes : j'ai appelé les grandes portes de l'Occident portes d'Oannès et d'Istar.

» Nisroch-Salman dirige les mariages, la souveraine des dieux préside aux enfantements : j'ai consacré les grandes portes du Nord à *Nisroch-Salman* et à *Mylitta*.

» Assour perpétue les victoires des rois qu'il a institués, protége les armées de l'enceinte de la ville, Ninip, qui est la pierre angulaire, fortifie jusqu'aux jours reculés son boulevard.

» Les sujets des quatre langues, les hommes exempts de toutes impositions jusque-là, habitant les montagnes et les plaines brûlées par le soleil, le chef des dieux, maître des sphères que j'y ai amenées dans le souvenir d'Assour, mon dieu, dans l'exercice de la justice, je les y ai fait demeurer séparément et je les y ai installés.

» Les fils d'Assyrie *mudut ini Kalama*, je les fis instruire dans mon palais dans l'art de prendre le butin et dans la crainte du dieu et du roi, par des sages et des savants.

» Les dieux qui habitent cette ville, m'ont béni et accordé pour un temps perpétuel la conservation de la ville, et la durée de ce qu'elle contient !

» Mais celui qui attaque les œuvres de ma main, qui efface mes sculptures, qui enlève les vases qui contiennent mes richesses, qui dépouille mon trésor, qu'Assour, Samas, Ao et les dieux qui habitent cette ville, exterminent son nom et sa semence dans ce pays, qu'ils le fassent, à perpétuité, esclave de ses ennemis. »

Les inscriptions de Sennachérib.

Sennachérib, fils de Sargon (702-680), est sans doute le roi le plus célèbre de la dernière dynastie de Ninive. Hérodote (l. II) mentionne l'expédition malheureuse de ce « roi des Arabes et »des Assyriens» contre l'Egypte, et la *Bible* raconte avec assez de détails la campagne que ce monarque entreprit contre le roi Ezéchias. Nous verrons que le récit du roi assyrien confirme, par son silence, et l'embarras évident de la rédaction, le récit des Livres saints. *Le livre des Rois*, dans sa forme actuelle, abrégé des *Annales des rois de Juda et d'Israël*, n'entre pas dans les causes de la querelle de Sennachérib et d'Ezéchias. Le prétexte pour entreprendre cette guerre était fourni par la conduite des habitants d'Amgarron qui n'est pas, comme l'ont cru les savants anglais, Ekron, mais Migron ; et aussi nous trouvons dans Isaïe (x, 28) :

« Il (Sennachérib) viendra à Aïath, passera par Migron, et à » Michmas, il laissera son bagage. »

L'inscription est gravée sur un prisme en argile, de six faces de 80 lignes chacune, et est conservée à Londres. Un fac-simile a été donné par le Musée britannique dans l'ouvrage intitulé : *Cuneiform inscriptions of western Asia.* Quelques autres textes de Sennachérib mentionnent, plus succinctement, la guerre de Judée, et ce sont ces textes dont les *Annales* ont déjà parlé [1].

L'inscription est datée de l'éponymie de Bel - Simiani (684 avant Jésus-Christ).

[1] Voir *Annales de philosophie*, t. XIII, p. 57, 245 (4ᵉ série).

Inscription du prisme de Sennachérib.

« *Col.* i, l. 1. Sennachérib, le grand roi, le roi puissant, roi des légions, roi d'Assyrie, roi des quatre régions, le pasteur diligent, le favori des grands dieux, qui observe la foi jurée, gardien de la loi, qui agit selon le droit et marche dans le sentier de la justice, *sahiru makkati ;* l'équitable, le fort, le mâle, le terrible, le premier parmi les souverains ; le belliqueux, qui anéantit les impies, qui brise les mécréants. *Assour,* le grand seigneur, m'a conféré la royauté sur les peuples ; il a étendu ma domination sur tous ceux qui habitent l'univers. A partir de l'Océan supérieur, du soleil couchant jusqu'à la mer inférieure du soleil levant, j'ai réduit sous ma puissance tous ceux qui portent haut la tête. Car les rois ennemis évitaient les batailles, leurs grands les abandonnaient, et comme des oiseaux. . . . . ils se soustrayaient clandestinement, en fuyant vers des endroits déserts.

» *Col.* i, l. 19. Dans ma 1ʳᵉ campagne, je vainquis Mérodach Baladan, roi de la basse Chaldée (Teredon) et les armées d'Elam dans le voisinage de la ville de Kis. Au milieu de cette bataille, il laissa là son campement, il s'absenta furtivement. Il expia sa rébellion. Les chariots, les chevaux, les *is sumbi* qui étaient dans la mêlée, se tournèrent contre lui : seul il s'échappa vers son palais qui se trouve à Babylone. Mais j'ouvris son trésor : je saisis de l'or, de l'argent, des ustensiles d'or et d'argent, des pierres précieuses, son mobilier, ses vêtements, beaucoup d'effets de valeur ; sa femme, ses hommes, ses grands, les hommes à la figure frisée (?), les esclaves mâles et femelles, les domestiques du palais, les soldats qui ne sont pas à dédaigner ; les assistants de son palais, je les fis sortir et les vendis comme esclaves. Avec l'aide d'Assour, mon seigneur, j'assiégai 79 grandes villes fortes de la Chaldée, et 820 petites bourgades des environs ; je les occupai, je les pris comme butin. Les tribus d'Urbi, d'Aram, de Kaldu qui se trouvaient dans les villes d'Orchoë, de Nipour, de Kis, de Chalanné et de Cuth, ainsi que les habitants de la ville révoltée, je les fis sortir, je les vendis comme esclaves. [J'appelai à la royauté, sur les Soumirs et les Accads, Bel-ibnou, l'astrologue, qui avait été élevé dans ma maison. . . . . [1]].

» *Col.* i, l. 40. A mon retour, j'attaquai pour les rançonner les tribus de Touhmoun, Rikhikh, Yatakkau, Ouboud, Kipré, Malikh, Gouroum, Ouboul, Damoun, Gamboul, Hindar, Rouhoua, Poukond, Hauran, Hagar, de Nabat, Liblaou, Aram, qui ne s'étaient pas soumises. Je leur enlevai des chevaux, des ânes, des chameaux, des bœufs et des moutons sans nombre, et je les emportai en Assyrie.

» Ce fut vers la fin de la campagne que je pris, comme acte de sujétion de Nabobellabari, le gouverneur de la ville de Khararat, de l'or, de l'argent, du lentisque, des chevaux, des chameaux, dès bœufs et des moutons. Je soumis sous ma puissance les populations de la ville de Khirimi; les impies qui s'étaient révoltés, je leur pardonnai et les abandonnai, mais je mis en croix leurs chefs. Je fis occuper la ville entière, et je la refis de nouveau. Un taureau, 10 béliers, 10 boucs, 20 brebis, comme holocauste d'initiation, furent sacrifiés aux dieux de l'Assyrie, mes seigneurs.

» *Col.* i, l. 63. Dans ma 2ᵉ campagne, je me remis à Assour, mon seigneur, et marchai vers les peuplades de Bisî et de Iasou-Bigallai qui depuis longtemps n'avaient pas été soumises aux rois mes frères; à travers les forêts *zakruti* et des hauts défilés, je voyageai à cheval, je fis porter mes chars en morceaux avec moi, jusqu'à ce que j'approchasse sur la hauteur à un endroit plus praticable. J'assiégai et j'occupai les villes de Bit-Kilamzakh, de Khardispi, de Bit-Koubit, leurs villes et grandes citadelles, j'en fis sortir les habitants, chevaux, onagres, mulets, bœufs et moutons; et les vendis comme butin; leurs petites villes, dont le nombre est sans égal, je les détruisis, je les démolis, j'en fis des ruines, et je réduisis en cendres leurs maisons élevées et les restes de leurs demeures. J'y mis des *diritav* et j'emmenai la ville de Bit-Kilamzakh, et je l'incorporai à la ville de Birtout; je fortifiai ses murs comme ils avaient été autrefois, et j'y installai les habitants de divers pays, le butin de ma main. Mais les hommes de Bisî et de

---

[1] Ces mots ne se trouvent pas dans ce texte, mais dans une autre inscription de Sennachérib, nommée le baril de Bellino. Voir Layard, pl. 63.

Yasou-Bigallai, qui s'étaient soustraits à ma domination, je les fis descendre des montagnes, je les internai dans les villes (*Col.* II, l. 1.) de Khardispi et de Bit-Koubit; et je les confiai entre les mains de mon juge, le préfet de la ville d'Arrapha (*Arrapachitis*). Je fis faire un bas-relief, je figurâi là-dessus la description du butin de ma main, je le couvris d'une inscription, et je l'érigeai au milieu de la ville.

» Je me tournai autre part, et je dirigeai le feu de mon courroux contre le pays d'Albanie (*Illipi*) et contre son roi Ispabara. Il avait abandonné ses places fortes et ses trésors, et s'était enfui vers les contrées lointaines; je terrifiai l'ensemble de ses possessions, vastes comme *in dugut*. Les villes de Varsambisti et d'Akkouddu, les villes de sa résidence, et 34 petites villes des environs, je les assiégeai, je les pris, je les détruisis et démolis, je les réduisis en cendres. Je capturai les hommes, grands et petits, hommes et femmes, chevaux, ânes, mulets, chameaux, bœufs et moutons sans nombre, et j'entassai des contributions très-considérables et j'appauvris son pays.

» Les grandes villes de Sisirtou et de Koummakhti et les petites villes environnantes, du pays de Bit-Barrou, ainsi que le district tout entier, je le séparai du reste du pays, et je l'adjoignis à l'Assyrie. Je fis de la ville d'Ilbinzas la cité royale et la capitale; je changeai son nom antérieur, et je l'appelai dorénavant ville de Sennachérib; je plaçai les hommes de différents pays que ma main avait conquis, je les mis entre les mains de mon lieutenant, le préfet de Kharkhar, et je fis prospérer le pays.

» Ce fut à mon retour que je réduisis sous ma domination les contrées lointaines de la Médie, dont, parmi les rois mes frères, aucun n'avait entendu prononcer le nom; je leur imposai beaucoup de tributs.

» Dans ma 3ᵉ campagne, je marchai vers la Syrie. Louli était roi de Sidon, la grande réputation de ma majesté l'avait terrifié et il s'était enfui sur les îles au milieu de la mer, et avait abandonné son pays. Les villes de la grande Sidon et de la petite Sidon, Belzitti, Srepta, Mahalliba, Ousou, Ecdippa, Acco, les grandes villes, les citadelles, les places de pèlerinage et de dévotion, les temples, tout avait été terrifié par la gloire d'Assour, mon maître; ils se rendirent à moi. J'instituai Toubaal dans le trône de la royauté: Je lui imposai le tribut et la dîme de suzeraineté et la part de ses perceptions.

»Minhimnu de Usimouroum, Fabaal de Sidon, Abdilit d'Arvad, Milenti d'Asdod, Pedouil de Bel-Amman, Kammousounatbi de Moab, Yaurammou d'Edom, les rois de la Phénicie entière apportèrent ensemble avec lui, en ma présence, les preuves de leur sujétion et de nombreux tributs; ils s'inclinèrent devant moi.

» Mais Sidka, roi d'Ascalon, ne se soumit pas à moi : j'enlevai les dieux de la maison paternelle, lui et sa femme, ses fils et ses filles, ses frères, les rejetons de sa race, et je les conduisis en Assyrie. J'instituai pour régner sur la ville d'Ascalon, Sartibkakri fils de Rukibti, qui avait été roi auparavant, et lui imposai la prestation des tributs comme reconnaisance de ma suzeraineté, et il établit l'ordre.

» *Col.* ii, l. 65. Dans le cours de ma campagne, j'assiégai et je pris la ville de Bel-Daganna, de Joppé, de Banai Barka, d'Azar, les villes de Sidka d'Ascalon, qui ne s'étaient pas soumises à mon règne; j'enlevai leurs captifs.

» Les vicaires, dignitaires et habitants d'Amgarron avaient trahi leur roi Padi inspiré d'amitié et de zèle pour l'Assyrie, le protégé de Ninip, et ils l'avaient livré à Ezéchias le Juif, et agi en se révoltant contre le droit [1].

» Mais leur cœur redoutait les rois d'Egypte; car les archers, les chars, les chevaux du roi de Méroé, des multitudes innombrables se réunirent et marchèrent contre moi. Leurs chefs disposèrent l'ordre de la bataille en vue de la ville d'Altakou, et inspectèrent leurs serviteurs. Dans l'adoration du dieu *Assour*, mon maître, je combattis avec eux, et je les mis en fuite. Les conducteurs des chars et les fils du roi d'Egypte ainsi que les conducteurs des chars du roi de Méroé furent atteints vivants par ma main au milieu de la bataille. J'assiégeai et je pris les villes d'Altakou et de Tamna, et j'enlevai leurs captifs.

» *Col.* iii, l. 1. Alors je revins vers Amgarron; je dégradai

---

[1] Ce texte ne parle pas des *Lakis*, Lachis de la Bible.

les vicaires et les dignitaires qui s'étaient révoltés, et je les
tuai; je mis en croix leurs cadavres sur les enceintes de la
ville; je vendis comme esclaves les hommes de la ville qui
avaient commis des violences et des vilenies. Quant aux personnes qui n'avaient pas perpétré de crimes ou de péchés, et
qui ne méprisaient pas leurs maîtres, je prononçai leur abso-
lution. Je fis sortir Padi leur roi de Jérusalem et je le réintégrai sur le trône de sa royauté. Je lui imposai les tributs pour
reconnaître ma souveraineté.

» Mais Ezéchias le Juif ne se soumit pas. Il y eut 44 grandes
cités, villes murées, et des petites bourgades dont le nombre
n'a pas d'égal, avec lesquelles je combattis en domptant leur
orgueil et en affrontant leur colère. Aidé par le feu, le massa-
cre, les combats et les tours de siége, je les emportai, je les
occupai : j'en fis sortir 200,150 personnes grandes et petites,
mâles et femelles, des chevaux, des ânes, des mulets, des chameaux, des bœufs et des moutons, sans nombre, et je les pris
comme capture. Quant à lui, je l'enfermai dans Jérusalem
(*Ursalim*), la ville de sa puissance, comme un oiseau dans sa
cage. J'investis et je bloquai les forts au-dessus d'elle; ceux
qui sortaient de la grande porte de la ville, furent amenés et
pris. Je séparai les villes que j'avais pillées, de son pays, et
les donnai à Mitinti roi d'Asdod, à Padi roi d'Amgarron et
à Ismibil roi de Gaza. Je diminuai son territoire. J'ajoutai aux
tributs antérieurs et à la prestation de leurs dîmes un nouveau tribut comme signe de ma suzeraineté, et je le leur imposai.

» Alors, la crainte immense de ma majesté terrifia cet Ezéchias le Juif; les hommes du guet et les troupes gardiennes
qu'il avait assemblées pour la défense de Jérusalem, la ville
de sa puissance, il leur donna congé. Il les envoya vers moi
à Ninive, la ville de ma souveraineté, avec 30 talents d'or et
400 talents d'argent, des métaux, des rubis, des perles, de grands
diamants (?) [1], des selles *en peau*, des trônes garnis de cuir,
de l'ambre, des peaux de veaux marins, du bois santale, du
bois d'ébène, le contenu de son trésor ainsi qu'avec ses filles,
les femmes de son palais, ses esclaves mâles et femelles. Il

[1] Ceci est, naturellement, fort peu sûr.

délégua son ambassadeur pour présenter ces tributs et faire sa soumission.

» *Col.* iii, l. 42. Dans ma 4ᵉ campagne, je me recommandai à *Assour*, mon maître, j'assemblai la totalité de mon armée, et je décrétai une expédition vers le pays de Bel-Yakin. Pendant ma marche, je vainquis dans la ville de Bittout, Souzoub, de la tribu de Kalkak, qui demeurait près du fleuve Nahar-Agammi[1]. Quant à lui, son glaive évita la bataille avec moi, son courage l'abandonna, il se déroba furtivement comme un lépreux, et jamais sa trace ne fut revue.

» Je me tournai autre part et je dirigeai mes pas sur Bel-Yakin. Ce Mérodach-Baladan que j'avais vaincu dans le cours de ma première expédition, et dont j'avais brisé l'orgueil, redoutait l'approche de mes forces considérables et l'imminence de mes sanglantes batailles. Il recueillit les dieux comme emblème de sa victoire, dans leur . . . . . .; il les fit embarquer dans leurs arches, et s'envola comme un oiseau vers la ville de Nagit Rakki qui est au milieu de la mer. Je fis sortir de Bel-Yakin, près du fleuve Nahar-Agammi et des marais, ses frères et la race de sa maison paternelle qui avaient abandonné les environs de la mer, ainsi que les grandes familles de ce pays ; je les vendis, comme esclaves, et je les emmenai. Je démolis les villes, je les changeai en désert. J'inspirai de la terreur au maître de ses Talimi, aux hommes d'Elam. . . . . . . A mon retour, je plaçai sur le trône de sa royauté Assurnadin, mon fils aîné, le rejeton de ma bénédiction; et je fis sortir de sa gestion le salut des Soumirs et des Accads.

» *Col.* iii, l. 66. Dans ma 5ᵉ campagne, je soumis les forces des villes de Toukharri, de Saroum, d'Ezama, de Kibsou, de Khalbouda, de Kua, d'Oukana, qui avaient établi leurs demeures comme des nids d'oiseaux, en citadelles imprenables, au-dessus des monticules du pays de Nipour, et sur de hautes montagnes. Ils ne s'étaient pas soumis. J'ai laissé les bagages dans les plaines du pays de Nipour, avec les frondeurs et les porteurs de lances, et les guerriers de mes batailles incomparables; je me posai devant eux comme un portique de

---

[1] *Acraganes*, selon la forme estropiée par les Grecs.

colonnes. Les débris des torrents, les fragments des hautes
et inaccessibles montagnes, je les transformai en trône; je
fis aplanir une cime sur la montagne pour y poser le trône.
Comme une pyramide, elle s'élevait sur les montagnes plus
déprimées. Au-dessous, je m'assis sur l'endroit de mes genoux,
qui était fait comme un énorme cube, formé par des dalles,
des pierres des montagnes. Je bus l'eau de ces montagnes, l'eau
auguste, pure, pour étancher ma soif. Quant aux hommes, je les
surpris dans les crevasses des forêts montueuses ; je les vainquis, j'attaquai leurs villes, en les dépouillant de leurs habitants, je les détruisis, je les démolis, je les réduisis en cendres.

» *Col.* iv, l. 12. Je finis mes affaires et je dirigeai mes pas
contre Maniya, roi de la ville de Oukkou dans le pays de Dayi,
qui ne s'était pas soumis. Les chemins n'étaient pas ouverts,
boueux et à pic, et au milieu d'eux se dressèrent des montagnes infranchissables où jamais personne de mes ancêtres
n'avait pénétré. Je laissai les chars dans les environs des pays
d'Anarao et d'Ouppi, deux vastes pays; moi, sur le trône de
la justice, je montai avec les braves guerriers de mes batailles, dans leurs défilés et les rigoles des torrents. Perché sur
les hauteurs des crêtes inaccessibles, ce Maniya, fils de Bouti ,
attendit l'approche de mon armée; il avait abandonné la
ville d'Oukkou, la ville de sa royauté, et s'était enfui vers le
lointain. J'assiégeai et je pris la ville d'Oukkou, j'emmenai les
habitants, j'emportai de la ville, ses biens, ses dépouilles,
le trésor de son palais, je le gardai comme bonne prise.
J'occupai trente-trois villes de son territoire et son district;
les hommes, les bêtes de somme, les bœufs et les moutons,
je les enlevai des villes que je détruisis, démolis et réduisis en
cendres.

» Dans ma 6ᵉ campagne, les tribus du pays de Bel-Yakin
avaient méprisé ma puissante domination comme des *buri mi*,
ils avaient réuni les dieux, comme emblème de leur victoire,
dans leurs . . . . , et avaient ensuite franchi la grande
mer du soleil levant. Ils avaient choisi leur demeure dans la
ville de Nagit dans l'Elymaïde. Je franchis la mer dans des
vaisseaux syriens. Je passai par les villes de Nagit, de Nagit-
Dihbin et le pays de Khilmou, la ville de Nilaton et le pays de

Kouppapan. J'attaquai les contrées d'Elam, j'emmenai captifs les hommes de Bel-Yakin et leurs dieux et les serviteurs du roi d'Elam. Je n'y laissai pas le moindre reste debout, et je les fis embarquer dans des vaisseaux, et traverser sur les bords opposés; je fis diriger leurs pas vers l'Assyrie. Je détruisis les villes de ces districts, je les démolis, je les réduisis en cendres, je les changeai en désert et monceaux de ruines.

» A mon retour, Souzoub, homme fils de Babylone, que le peuple, par rébellion, avait porté au pouvoir, dans le pays des Soumirs et des Accads, vint me livrer bataille. Je le vainquis, je le pris dans ma main vivant; je l'épargnai comme un dépôt et un signe d'alliance du dieu Ninip. Je le conduisis en Assyrie. Le roi d'Elam dont les. . . . ., vint à son aide, je le vainquis, je fis chasser les habitants de ses pays et je brisai son orgueil.

» *Col.* IV, l. 43. Dans ma 7ᵉ campagne, je me recommandai à *Assour*, mon maître. Je marchai sur Elam. Les villes de Bel-Haïri, de Razâ appartiennent au territoire de l'Assyrie. Sous les yeux de mon père, les hommes d'Elamû les avaient enlevées pour y dominer. Dans le cours de mon expédition, je les attaquai, j'emmenai les habitants et j'y établis les guerriers que j'avais faits prisonniers. Je réintégrai ces villes sous la domination de l'Assyrie, et je les confiai aux mains du préfet de la citadelle de Hisiril.

» Les villes suivantes : Boubi, Dounni-Samas, Bit-Risiya, Bet-Ahlami, Dour, Kalté Soulaï, Sibibtou, Bit-Asousi, Kar-Moubagar, Bit-Gissi, Bit-Kappalani, Bit-Imbiya, Bet-Khaman, Bet-Arrabi, Bourout, Dintou de Soulaï, Dintu d'Ilu-habal-Pitkarsa, Karriar, Kie, Rabaï, Râs, Akkabarina, Toul-Oukhour, Hamran, Nadit et les villes voisines de Bit-Bounaki, Toul-Khoumba, Dintu de Ismiïl, Bit-Oubiya, Balti-Lisir, la ville des Nakidat, Masout-saplit, Sarkhu-dîri, Haloum de Fasbit, Bit-Nakri-iddin, Illai-Marba, 34 grandes villes et les petites villes des environs, dont le nombre est sans égal, je les assiégeai et pris, j'enlevai les captifs, je les démolis et je les réduisis en cendres; je fis monter dans les vastes cieux la fumée des leurs incendies comme celle d'un seul sacrifice.

» *Col.* IV, l. 69. Et Koudour-Nakoundou, roi d'Elam, entendit

la prise de ses villes, la terreur l'entraîna; les tribus de ses villes,
il les réunit pour résister. Lui-même quitta Madakti la ville
de sa royauté, et il dirigea ses pas vers Khaïdala qui est situé
dans les plaines éloignées. Je décrétai l'expédition contre
Madakti; je fis examiner le mois, le jour, la prohibition et la
permission astrologiques; je fis renouveler *garmatuv mattuv,
a an i sa ar an i et le raggu* et les blocs détachés des montagnes, je les abandonnai, je retournai à mes affaires et dirigeai
mes pas vers Ninive.

» Ce fut alors, que selon le décret d'*Assour*, mon maître,
après trois mois, la vie fut fixée pour Koudour Nakhoundi, roi
d'Elam; au jour même de sa non-existence, quand approcha
le terme de sa vie, selon les coutumes du gouvernement
et du règne, Oumman-Minanou, son frère *dubussu*, s'assit
sur son trône.

» *Col.* v, l. 5. Dans ma 8ᵉ campagne, il arriva que le règne
de Souzoub finit. Les hommes de Babylone qui voulaient faire
acte de rébellion et d'inimitié, fermèrent les grandes portes
de la ville. Leur esprit s'endurcit pour commettre des hostilités. Souzoub, l'homme de Kalkak *lum dun*, mauvais sans
égal, s'était soustrait aux yeux du préfet de Lakhir. Un homme
d'Araziku, fugitif qui était coupable de sang versé en brigand,
devint son aide; il demeurait près du fleuve de Nahar-Agammi, et fit mépriser la loi. Je désirai un combat pour avoir
son sang et sa vie; mais il s'était enfui devant les *pati de Ni-
briti* vers le pays d'Elam. Rempli de ruse et d'ignominies viles,
il revint du pays d'Elam, et examina le cœur de *Suannaki*. Les
Babyloniens, le mirent sur le trône parce qu'il n'était pas soumis à Elam, et lui confièrent la royauté des Soumirs et des
Accads. Il ouvrit le trésor de la Pyramide; l'or et l'argent de
Bel et de Zarpanit et des temples, il le pilla pour le donner
à Oumman-Minanou roi d'Elam (ce qui n'a pas d'égal). Il lui
envoya ces ordres et injonctions : «Dispose ton armée et divise
» tes forces, marche vers Babylone et fortifie nos mains. *Tuma
» tasab,* ô toi homme. » Cet Elamite, dont j'avais dans une pré-
cédente expédition, attaqué et détruit les villes, accepta le
projet dans son cœur. Il rançonna les villes, disposa ses armes
et ses forces, et augmenta sa puissance par des chars, des

is sumbi, des *isurut*, des chevaux et des ânes. Les tribus de
Parsouas, Pasir, Illip, Yas-il, Lakapri, Kharzoun, villes de
Doummouk, Soulaï Samboun, du fils de Merodach-Baladan,
les pays de Bit-Adin, Bit-Amoukkan, Bit-Sala *utsam-akki*, la
ville de Lakhir, les tribus de Poukoud, Gamboul, Khalat,
Rouâ Auboul, Malakh, Rapik Khindar, Damoun firent une
grande jonction avec lui, et tous se portèrent ensemble vers
le pays d'Accad. Ils arrivèrent à Babylone et vers Souzoub,
l'homme de Kalkak, et le nommèrent sur leurs écrits roi de
Babylone, et augmentèrent leur orgueil. Ils vinrent pour
commettre des crimes, comme des Arabes qui arrivent en
masse et veulent piller. Au-dessus de la terre, monta aux vastes
cieux, sous les pas comme une nuée *im dugut*, la poussière
de leur marche. Dans la ville de Khalouli, située sur les bords
du Tigre, ils s'établirent en ligne; ils aperçurent mon visage
béni et inspectèrent leurs soldats. Moi, je me remis à Assour,
Sin, Samas, Bel, Nebo, Nergal, Istar de Ninive et Istar d'Arbèles, mes dieux protecteurs; je leur demandai leur secours
contre les ennemis qui s'approchaient. Les dieux entendirent
mes sincères prières, ils vinrent en aide. Je fis ce vœu dans
mon cœur *atribisa siriya am huliya am si mat silté apira
rasùa*.

» Mon cœur rempli de courroux, je montai avec hâte sur
mon char de bataille le plus élevé qui balaye les ennemis. Je
pris dans mes mains l'arc puissant que le Dieu Assour m'a
donné. J'assemblai autour de moi les . . . . qui éteignent
la vie. Je me ruai comme le feu dévorant sur toutes ces
armées rebelles, comme le dieu Ao l'inondateur. Par la grâce
d'Assour, mon maître, je marchai vers la proie et la destruction (des ennemis); comme une tempête dévastatrice, je versai
la stupeur sur mes adversaires. Par la protection d'Assour et
. . . . la tempête de la bataille, j'ébranlai la force de leur
résistance, et je fis chanceler leur fermeté. L'armée des
rebelles, à cause de mes attaques terribles, se replia, et l'ensemble de leurs chefs délibérèrent réduits en désespoir. Le
Khoumba-Oundasa, le *nagir* (remplaçant) du roi d'Elam *is rak
ta bé mad du*, qui surveillait son armée et son administration,
préposé à l'assemblée de ses dignitaires. Il accepta de moi

des cadeaux en or, et distribua des *har*, des monceaux d'or brillant, prix de leur trahison. Lui qui avait laissé des cadeaux, les livra sans défense, comme des . . . . . Je les vainquis. Je détruisis, dans la racine, leurs projets, et je fis cesser, par la mort, le cours de leur vie. *Kim adan gabsi sa samutuv simani au munnisunu usardà.* Sur la terre mouillée, les harnais, les armes, prises dans mes attaques, nageaient tous dans le sang des ennemis, comme dans un fleuve; car les chars de bataille qui enlèvent hommes et bêtes, avaient dans leurs courses écrasé les corps sanglants et les membres. J'entassai les cadavres de leurs soldats, comme des trophées, et je leur coupai les extrémités. (*Col.* vi, l. 1.) Je mutilai ceux que je pris vivants comme des brins de paille ; et pour punition, je leur coupai les mains. Les *har*, les monceaux d'or, les œuvres en ivoire qu'ils possédaient, je les pris. *Ina namsari sa tuti husarnusunu uparrik.* Je confisquai les cadeaux en or et en argent qui leur appartenaient. Les familles des grands et Naboulabariskoun, fils de Mérodach-Baladan qui avant la bataille avaient comploté pour réunir leurs forces, furent, vivants, une proie de ma main. Je pris les chars et leurs chevaux qui les avaient traînés au milieu de la grande mêlée; ceux-là, je les abandonnai. J'emmenai avec nous, comme proie, leurs chefs. Et deux *kasbu* plus loin, je *abràs* leur mort. Lui, Oumman-Minanou, roi d'Elam, le roi de Babylone, le roi des *Nasikkan* de Chaldée, et ceux qui marchaient derrière lui abandonnèrent leurs armes et leurs tentes, et quittèrent le champ de bataille, comme le *tirib* de leurs ventres; pour se sauver la vie, ils foulèrent dans leurs fuites les cadavres de leurs armées. *Itiku ki sa admitu hususu di itarraku libbusun.*

» Ils brûlèrent entre leurs chars leurs *sinât*, ils laissèrent leurs *nizu* sur leurs *radad.* Je fis mettre mes chevaux devant leurs voitures. Ceux d'entre eux qui se rendaient, sortirent, la vie sauve, dans un endroit éloigné, et ils acceptèrent avec humilité ma domination.

» Puis, j'ai achevé ce palais du milieu de la ville de Ninive pour l'élévation de ma royauté; j'ai embelli les escaliers pour exciter l'admiration des hommes.

» La cour des dépendances (*hekal kutalli*), les rois mes pères et prédécesseurs l'avaient construite pour y déposer des bagages, pour exercer les chevaux, pour le remplir d'ustensiles. Son soubassement ne supportait plus qu'on l'habitât; son pourtour sculpté était ruiné par la durée des temps; sa pierre angulaire avait cédé; ses assises s'étaient effondrées, son sommet s'était penché. Je démolis donc cette ancienne maison totalement. De sa ruine, j'amoncelai une vaste colline artificielle (*kirubu*). Je ménageai une vue sur la ville, sur la terrasse. J'étendis beaucoup ses *mitkaki;* et j'abandonnai le *bar-kar* du palais ancien. Je fis la colline en cercle, de sorte que je fis toucher le soubassement au bord du fleuve. Je le portai jusqu'à la hauteur de deux cents *tibik* (briques ?), jusqu'à ce que j'arrivasse au niveau du fleuve.

» Dans un mois heureux, au jour fortuné, j'ai construit, selon le vœu de mon cœur, au-dessus de ce soubassement, un palais d'albâtre et de cèdres, le produit de Syrie; et le palais le plus élevé, dans le style d'Assyrie. Celui-ci, je le fis sur l'emplacement antérieur, avec plus d'ampleur, *sutural rabata*, et avec tout l'art que pouvaient montrer les architectes de mon empire, pour en faire le siége de ma royauté. Je posai au-dessus des poutres des cèdres les plus élevés, qui proviennent de la haute montagne Amanus. Les colonnes, les balustrades (?), je les entourai de rosaces resplendissantes, et je disposai symétriquement leurs interstices. Je fis exécuter en albâtre lissé, qui se trouve dans les environs de Balada, d'énormes lions et taureaux, *imna pak kumila*. Je fis orner leurs seuils.

» Pour régenter ceux qui portent haut le sommet de la tête, pour les exercer dans le lancement des javelots, pour surveiller les mulets, les veaux, les béliers, les chars, *les isattarat*, pour faire *kispati, mitpanat*, et pour sortir les armes, les trésors de la bataille, pour faire des courses de chevaux et d'ânes, et tout ce que les décrets suprêmes ont mis à ma disposition, j'ai agrandi la grande cour de la porte, *nu magal.*

» J'ai restitué et achevé ce palais depuis ses fondations jusqu'a son pignon; j'y ai mis la commémoration de mon nom.

» A celui qui, dans la suite des jours, sera, parmi mes fils, appelé à la garde du pays et des hommes par Assour et Istar, je dis ceci : Ce palais vieillira et tombera en ruines dans la suite des jours! Que mon successeur relève les ruines, qu'il rétablisse les lignes qui contiennent l'écriture de mon nom. Qu'il restaure les peintures, qu'il nettoye les bas-reliefs, et qu'il les remette en place! Alors Assour et Istar écouteront sa prière.

» Mais celui qui altère mon écriture et mon nom, qu'Assour, le grand dieu, le père des dieux, le traite en rebelle, qu'il lui enlève son sceptre et son trône, qu'il abaisse son glaive!

» Dans le mois de....., le 20e jour, l'année de Bel-Simiani (684), préfet de Circesium. »

Assarhaddon.

Assarhaddon (680-668), quatrième fils de Sennachérib, succéda à son père qui avait été assassiné par ses propres fils (voir *Rois*, II, XIX, 37; Isaïe, XXXVII, 38), Adramelech et Sarezer. Le fils aîné était Assournadin qui fut vice-roi à Babylone, et qui, probablement, y mourut. Les deux suivants ne tirèrent pas profit de leur parricide, mais le quatrième fils *Assourakhiddin* (Assour a donné un frère), s'empara du trône. Il fit la guerre à Manassé qu'il emmena à Babylone, et qui figure réellement comme son tributaire dans le texte suivant.

Il existe deux exemplaires de ce texte publié par M. Layard et par M. Rawlinson:

Prisme d'Assarhaddon.

« *Col.* I, l. 1. Assarhaddon, grand roi, roi puissant, roi des légions, roi d'Assyrie, vicaire de Babylone, roi des Sumirs et des Accads, roi d'Egypte, de Méroé et de Coush, fils de Sennachérib, grand roi, roi puissant, roi d'Assyrie, petit-fils de Sargon, grand roi, roi puissant, roi d'Assyrie ; le juste, le terrible, qui marchait dans l'adoration des dieux *Assour*, *Sin*, *Samas*, *Nebo*, *Merodach*, *Istar* de Ninive, *Istar* d'Arbèles, les grands dieux, ses maîtres, et régnait du lever du soleil jusqu'au coucher du soleil, et qui était sans égal dans l'imposition des tributs [1].

» *Col.* I, l. 9. J'ai attaqué la ville de Sidon qui est au milieu de la mer. J'ai égorgé la totalité de ses grands, j'ai anéanti son mur et ses maisons, je les ai jetés dans la mer. J'ai anéanti l'emplacement de ses autels (?). Abdimilkut, le roi de

---

[1] Le commencement et la fin des colonnes sont un peu mutilés.

la ville, s'était réfugié de ma puissance jusqu'au milieu de la mer. Comme un poisson, je traversai la mer et j'ai abattu son orgueil. J'enlevai pour l'emmener, ce que je pouvais prendre de ses trésors, de l'or, de l'argent, des pierres précieuses, de l'ambre, des peaux de veaux marins, du santale, de l'ébène, des étoffes teintes en pourpre et en bleu, la totalité de ce que contient sa maison. J'ai transporté en Assyrie les hommes et femmes d'un nombre incomparable, des bœufs, des moutons et des bêtes de somme. J'ai réparti les habitants de la Syrie et les riverains de la mer, tous dans des pays étrangers ; j'ai bâti en Syrie une ville, dont j'ai appelé le nom Castel d'Assarhaddon ; j'y ai placé les hommes que mon arc a domptés dans les montagnes et près de la mer du soleil levant, et j'ai placé mon juge comme préfet au-dessus d'eux.

» Mais Sandou-Arri, roi de Koundou et de Sizu, homme impie et rebelle, ne reconnut pas ma majesté. Il abandonna les dieux, et avait confiance dans les montagnes inaccessibles. Il prit pour allié Abdimilkut, roi de Sidon. Il inscrivit le nom des grands dieux sur les traités, et avait confiance dans leur assistance. Mais moi, je me remis au grand dieu Assour ; comme un oiseau, je franchis les grandes montagnes, et j'humiliai son orgueil. Par la puissance du grand dieu Assour, je pris tous ces hommes-là. Je suspendis les têtes de Sandou-Arri e d'Abdimilkut en présence de leurs nobles, et je marchai vers la ville de Ninive avec les esclaves mâles et femelles.

» *Col.* ii, l. 1 [1]. Spoliateur de la ville d'Arzâ..... vers l'Egypte..... ses butins, je les apportai en Assyrie. J'installai pour des temps éternels ces captifs devant la porte orientale de Ninive ; avec *asi urtassal.*

» Et Tiuspa, de Gimirra, l'homme *nisdu,* dont la demeure est lointaine, dans la terre de Khoubousna, vint avec toute son armée prier d'accepter sa soumission.

» J'ai foulé aux pieds les cohortes des pays de Khilakki, Douba, qui demeurent dans les forêts montueuses du de Tabal. Ils comptèrent sur la grandeur de leur pays, n'avaient pas reconnu notre puissance depuis des jours reculés. Vingt et une villes considérables et les petites bour-

_____
[1] Passages frustes.

gades des alentours, je les assiégeai, je les pris, j'enlevai leurs habitants, je les détruisis, je les démolis, je les réduisis en cendres. Les familles qui s'étaient rendues coupables, et du butin sans égal, je les traitai ensemble comme ma propriété.

» *Col.* II, l. 22. J'ai conculqué le pays de Masnaki, rebelle, impie, les habitants de Tel-Asouri, qui sont connus dans la bouche des hommes sous les noms des villes de Mikhran et de Pitan.

» J'ai fait sortir de chez eux les hommes de Van, *Kuta la sangai*, qui s'étaient soumis à la souveraineté des armées d'Ispakai, du pays d'Asgouza et qui croyaient être sauvés par elles.

» *Col.* II, l. 32. J'ai expulsé Nabou-zir-Simtat, fils de Mérodach-Baladan qui avait eu confiance en Elam; mais il ne sauva pas sa vie. Naid-Mardouk, son frère, reconnut ma souveraineté, et pour cela il s'était réfugié d'Élam, et était venu à Ninive, la ville de ma souveraineté et s'était incliné devant moi. Je lui confiai en entier les bords de la mer qu avaient obéi à son frère.

» J'ai rétabli l'ordre dans le pays de Bel-Dakkourri qui est situé en Chaldée, près de Babylone, où s'était établi Samas-daroukin, le roi, l'impie, le frivole, qui n'avait aucune vénération pour le seigneur des seigneurs. Il avait enlevé, dans sa méchanceté, les tablettes des hommes de Babylone et de Borsippa. Mais moi, dans le respect du maître sublime et de Nébo, j'ai restitué ces tablettes, et je les ai confiées aux hommes de Babylone et de Borsippa. J'ai placé sur son trône Nabousallim, fils de Belesys (*Balazou*), qui respectait les lois.

» *Col.* III, l. 1. La ville d'Adoumou, la ville de la puissance des Arabes qu'avait prise Sennachérib, roi d'Assyrie, le père qui m'a engendré, je l'ai de nouveau attaquée et j'en ai emporté les gens en Assyrie..... Le délégué de la reine des Arabes, avec beaucoup de cadeaux, s'en alla à Ninive, et s'inclina devant moi. Il me supplia de lui rendre ses dieux. J'ai exaucé son vœu; je restaurai les images de ces dieux qui s'étaient détériorées. Je fis écrire sur ces images les éloges d'Assour et la gloire de mon nom, je les apportai et je les lui restituai. Je nommai à la royauté des Arabes la femme Tabouya, issue de mon palais. Comme compensation des dieux que j'ai restitués à ce pays, j'ai augmenté le tribut qu'on avait donné à mon père, de soixante-cinq chameaux, que je leur imposai en sus.

» Les jours de Hazaël avaient touché à leur terme. J'ai mis son fils Jahlou sur le trône. J'ai augmenté son tribut en dehors de celui de son père de dix mines d'or, mille pierres *birut*, cinquante chameaux *des kunzi*, beaucoup de *sim*.

» Il a un pays Bâzi dont la place est lointaine, il faut aller jusqu'aux confins de la terre, au delà du désert. A cent cinquante *kasabgagar* de la terre Bâzi, il y a des mines et des pierres *kasabit*. Par vingt *kasabgagar*, s'étend une terre lointaine et humide qui produit beaucoup, comme une semence fructifiante. Par vingt *kasab* s'étend le pays de Khazou, les montagnes de la pierre, *saksimnav*. Je quittai mon territoire et je pénétrai là où depuis les jours les plus reculés, aucun roi de mes prédécesseurs n'était allé. Par la grâce d'Assour, mon maître, je suis allé jusqu'au milieu en maître. Je tuai huit rois dans ce district, j'emportai en Assyrie leurs dieux, leurs dépouilles, leurs trésors et leurs sujets. Layali, roi de Yadih, s'était soustrait à ma domination ; il entendit le rapt de ses dieux, il comparut devant moi à Ninive, la ville de ma royauté, il s'inclina devant moi. Je lui remis son péché, je l'abordai avec bienveillance. Quant à ses dieux, j'écrivis au-dessus de leurs images les éloges d'Assour mon maître, je les apportai et je les lui restituai. Je lui confiai ce pays de Bâzi, et je lui imposai de payer un tribut à ma royauté.

» Bel-Bagar, fils de Bounani, roi du pays de Gamboul, dont les habitants demeurent comme des poissons au milieu des eaux et des marais, à une distance de douze *kasabgagar*. Il se refusa à honorer Assour et le méprisait. Sur l'ordre de son maître, il apporta des tributs et des présents, des bœufs *makki* du Patluluna.

» *Col.* IV, l. 1. Il s'inclina devant moi. Je lui accordai le pardon, et je le lavai de son péché. Je fortifiai la ville de sa puissance, Sapibil, par des citadelles. Je l'y fis monter lui et ses archers, et je le fixai en Elam comme une colonne.

» Le pays de Patous-Arra est une contrée des environs de Bet..., située dans la lointaine Médie, du côté du pays de Biteni, où il a des mines de cuivre. Parmi les rois, nos pères, aucun n'avait conquis cette terre. Sitirparna et Iparna [1] étaient leurs gouverneurs de ville ; eux et leurs sujets, leurs chevaux, leurs chars, bœufs, moutons, bêtes de somme, bêtes *sudur*, leurs dépouilles opimes, furent emportés en Assyrie.

» Arpis, gouverneur de la ville de Partakka, Zanasana, gouverneur de la ville de Partoukka, Ramatya, gouverneur de la ville de d'Ourakazabarna, sont en Médie, dont les contrées sont lointaines. Jusqu'ici, ils ne s'étaient pas conjurés contre les rois mes pères et la terre d'Assyrie, et ceux-ci n'avaient pas conquis leurs territoires. Mais la crainte immense d'Assour, mon seigneur, les terrifia. Ils apportèrent à Ninive, la ville de ma royauté, leurs grands animaux de course, du cuivre de leurs mines, et s'inclinèrent devant moi. Puis les gouverneurs de ces villes, en joignant les mains, implorèrent ma royauté ; ils me demandèrent la clémence. J'installai à côté d'eux mes juges pour gouverner les districts de leurs pays. Les hommes qui habitaient ce pays, ils les soumirent et les réunirent à leur souveraineté. Je leur imposai la prestation d'un tribut considérable.

» Et alors *Assour, Samas, Bel*, et *Nebo, Istar* de Ninive et *Istar* d'Arbèles, me firent triompher sur mes ennemis avec gloire ; lorsque je recueillis le butin de nos exploits qui était tombé entre mes mains dans l'adoration des grands dieux mes maîtres, je ne me refusai pas de mauvais gré, et je fis construire trente-six grands sanctuaires en Assyrie et en Accad. Je les plaquai avec argent et or, et je les fis resplendissants comme le jour.

» *Col.* iv, l. 49. Alors je dis : Il y a une maison des butins dans Ninive que les rois, mes prédécesseurs et mes pères, avaient fait construire pour contenir les bagages, pour surveiller les bêtes de course, les chameaux, les chars, les *mihli*, les armes du combat et les dépouilles des ennemis, la totalité de la propriété qu'Assour, le roi des dieux, accorda à l'usage de ma royauté, pour faire la parade des chevaux, les courses des chars [et les exercices de mes archers].

» *Col.* v, l. 1. ils moulèrent des

[1] *Sithraphernès* et *Hyphernes*, noms perses.

briques en grande quantité. Je fis démolir ce petit palais entièrement. Je fis beaucoup de *kaktiru* selon les règles, et je les façonnai d'après les tables. J'augmentai leur étendue et je remplis le soubassement avec des blocs d'albâtre qui proviennent des grandes montagnes.

» Je comptai parmi les serviteurs de mon règne douze rois de Syrie au delà des montagnes, Ba'lou, roi de Tyr, Manassé (*Minasi*), roi de Juda, Cadoumoukhou, roi de la ville d'Oudoum, Mousouri, roi de la ville de Mâan, ...bil, roi de Gaza, Mitinti, roi d'Ascalon, Itouzou, roi d'Amgarroun, Isdiasiahat, roi de Byblos, Koulouba'al, roi d'Aradus, Abibal, roi d'Ousimouroun, Podouïl, roi de Bet-Amman, Noumilkou, roi d'Asdod, les 12 rois de la côte; et puis : Egisthus (*Ikistousi*), roi d'Idalion (*Idial*), Pythagore (*Pitagoura*) roi de Cittium, Ki..., roi de Salamis (*Silhimmi*), Houdagon, roi de Paphos, Iriëli, roi de Soli (*Sillou*), Damasou, roi de Kouri, Roumizou, roi de Tamassus (*Tamisi*), Damoûsi, roi d'Amathonte (*Amti-Hadasti*), Ouna..gousou, roi de Liménion (*Limini*), Bou'li, roi d'Oupri, les rois du pays de Yatnan qui est au milieu de la mer, ensemble 22 rois de Syrie, tant du bord de la mer que du milieu de la mer; tous je leur déléguai mes pouvoirs. Ils m'envoyèrent à Ninive pour l'édification de mon palais, pour le rendre élevé, de grandes poutres du bois de *timmi*, des bois d'*abimi* (ébène), du cèdre, du cyprès, provenant des montagnes de Sirar et de Liban, des statues femelles et des lionnes de pierre *ilau*, des *ayamri* de plomb, d'*anboutir* (étain?), des minéraux, *koumina* et *kouminatourda*, *ingisakh*, *alaldou*, de l'acier, tirés de leurs montagnes boisées.

» *Col. v*, 1. 27. Dans le mois propice, au jour heureux, j'ai bâti, au-dessus de ces soubassements, de magnifiques palais pour la demeure de ma royauté. Le grand palais de 85 grandes mesures en longueur, et de 30 grandes mesures en largeur, que, parmi les rois, mes prédécesseurs, mes pères, personne n'avait bâti, je l'ai achevé. J'ai posé des poutres sculptées de cèdre au-dessous. J'ai entouré les colonnes en cyprès dont la fermeté est éprouvée, avec des ronds en argent et en fer. J'ai distribué symétriquement leurs interstices. J'y ai disposé et distribué des taureaux et des lions en pierre, opposés face à face. L'un veille sur la victoire, l'autre accomplit les œuvres du roi qui les érige tous les deux. J'ornai par des poteaux leurs seuils. Le palais d'albâtre et de cèdre, le *mati muduti*, je le construisis avec art pour le repos de ma majesté. Je fis des lionnes de briques vernissées, des vaches des deux côtés, par devant et par derrière, dans les *astaru kibatan*.

» *Col.* vi, l. 1. Je fis construire les *kulul* des sept portes de grandes poutres de cyprès et en bois *abimi*. Je fis au-dessus de toute la maison un toit droit de *ka* et de cuivre, et fis ceindre leurs cimes par des créneaux. . . . . .; je fis maçonner toutes les portes, comme *an tir an na*. Des pièces d'argent, d'ivoire et de fer brillant furent disposées dans ces portes. Je consignai au milieu d'elles la gloire d'Assour dont les exploits ont été si brillants dans les pays révoltés. J'ai posé au-dessous des tours, à l'instar du mont Amanus, dont les montants autour ont absorbé beaucoup de . . . . . et beaucoup de bois. J'ai élevé le *kisac* par un pourtour; j'ai étendu énormément le . . . . . pour que les chevaux puissent monter à l'intérieur. J'y dirigeai une galerie secrète que j'ai cachée avec soin. J'ai rétabli et achevé ce palais depuis ses fondations jusqu'à son faîte, et j'ai recouvert du dehors ses escaliers tournants. *Ap rab sit kak kaka.* J'ai donné à ce palais le nom de *Hekal paki-dat kalama* (le palais qui administre le monde).

» *Col.* vi, l. 28. J'ai invoqué dans ce palais *Assour*, *Istar* de Ninive et tous les dieux d'Assyrie. J'ai consacré (*akki*) des autels d'expiation pour concilier leur colère. J'ai multiplié mes sacrifices. Ces dieux-ci, dans la constance de leurs cœurs, ont fait prospérer ma royauté. J'ai placé au milieu de ce palais les dignitaires et chefs des montagnes dans l'obéissance et dans l'humilité, sans crainte de leur domination. J'ai rempli leur esprit de joie. *Gistin kurunnu bikira surrasur ni ris ni gu la a muh ha sunu usaki.* En honneur d'Assour, le roi des dieux et de tous les dieux d'Assyrie, que le roi se fasse obéir dans cette maison, dans la satisfaction de son esprit, dans la joie de son cœur, dans le maintien de sa gloire, dans la multiplication septuple de sa progéniture! Qu'il y trône sans relâche! Qu'il surveille dans cette maison, pendant qu'il fortifie sa puissance (*suk mihli*), ses bêtes de courses, ânes, bœufs, chameaux, *bihli,* les armes de batailles, toute son armée, le butin pris des ennemis, et tous les biens dont il ne faut pas se séparer ! Que, dans cette maison, le taureau de la suprématie, le lion de la suprématie, qui gardent tous deux ma royauté et protégent mon honneur, puissent briller dans l'éternité, aussi longtemps que leurs pieds ne se séparent pas du seuil !

» Je dis ceci aux rois, mes fils, que dans la suite des jours Assour et Istar appelleront de leurs noms pour qu'ils règnent sur le pays et les hommes :

» Ce palais vieillira et tombera en ruines. Relève ces ruines. Et comme moi, j'ai mis, à côté de mon nom, le nom du père qui m'a engendré, ainsi toi, qui règneras après moi, fais comme moi, conserve la mémoire de mon nom ! restaure l'écriture, relève les autels, et inscris mon nom à côté du tien ! Alors Assour et Istar exauceront ta prière.

» Dans le mois… l'année de Mousiziël (? 670), préfet de la ville de Lahir. »

Le fils d'Assarhaddon, Sardanapale, l'auteur de la grande bibliothèque, dont de si précieux restes sont parvenus jusqu'à nous, fit rédiger aussi des inscriptions historiques. Le musée britannique possède des fragments d'un très-grand prisme à dix faces, qui rendait compte des campagnes entreprises par ce prince contre les Élamites, les Chaldéens, les Arméniens et les peuples de l'Asie mineure. Le successeur de ce monarque, dont de nombreux bas-reliefs ornent les musées d'Europe, fut Chiniladan (647-625), le vainqueur du Mède Phraortès. Nous ne possédons de lui qu'une courte légende, et nous ne connaissons rien du dernier Sargonide, qui termine la longue suite des rois d'Assyrie.

Jules Oppert.